JN236397

●●● 大学受験 ●●●

一目でわかる
志望理由書ハンドブック

河本敏浩

はじめに
～常識の枠組みを超えた「志望理由書」

　本書は、おそらく書店に並んでいる他の志望理由書対策本とは根本的に考え方が異なっています。それは、多くの「志望理由書対策」の本が目前に控えた入試に向けてのごくごくありきたりの取り繕いと素朴な安全策しか述べていないのに対し、本書では昨今の推薦・AO入試の世界で台頭するようになった、平凡な常識の枠組みを超えた激しい意志表明を積極的に紹介しているという点にあります。

　現在の推薦・AO入試の世界では、信じられないような個性的なプレゼンテーション（発表）が高い評価の対象となっており、いつの間にか新世紀型の試験として新しい世界を作り上げています。

　また、このような新世紀型の試験への対応は、特別レベルの高い大学を受ける受験生の間のみで起こっているのではなく、ごく普通の大学を受ける受験生たちの間にも、旋風のように巻き起こっていることが特徴です。

　考えてみましょう。日本の大学の多くの新入生は、偏差値を競っている限り、ほぼ不本意入学です。なぜなら、第一志望に合格することは比率として圧倒的に少なく、あまり意識したことがない大学に、単にそれが試験日程の合ったすべり止め校だったということだけで入学することが多々あるからです。

　もちろん、こういった大学生が愛校心を持ったり、大学のカリキュラムに熱心につき合ったりすることは考えにくいものです。そして、おそらくこれが長く放置されてきた「遊ぶ大学生」という社会問題の背景の一つであるといえます。

　一方、志望理由書を課せられる受験生は、結局、自分の志望大学の中身をきちんと吟味することになります。志望理由書を書くとい

うことは、端的に言って、自分の長所や具体的目標を大学のカリキュラムや校風に結びつけていく作業ですが、その過程でどうしてもその大学の真の姿が浮かび上がってきてしまいます。

　以上のことから、一つのことが明確にいえます。それは、志望理由書とは大学が受験生を審査する材料であると同時に、受験生が大学を審査する材料ともなるのです。

　大学生になるための費用、そして卒業までにかかる費用はあまりにも高額で、人生への影響も多大なものがあります。だからこそ、志望理由書は説得力に満ちた良いものが書けないとダメなのです。

　深く考えられた志望理由書の背景には、深く考えられた進学への思いがあります。その大学でいいのか、それは自分の長所や人生の指針に合っているか——志望理由書を書くことで見えてくることは、一つの大きな財産ともいえるのです。

　本書では、数多くの本物の志望理由書を取り上げています。これもまた、一般的な参考書にありがちな、もともと上手い人の書いた模範的な文章を掲載したりはしません。大切なのは、書くことでいかに考えが深まっていくかを体感することです。

　それ故、上手くなる前の下手な志望理由書も多数掲載されます。書き手の名前が出ないとはいえ、掲載を許してくれたかつての生徒たちには感謝の念しきりですが、注目すべき点はそれらの書き手である生徒たちが、非常に満足し、納得して大学に入学した人たちばかりだということです。これは、ぜひ付け加えておきたいことです。

　さて、いよいよ本編です。本書をどのような状況で読んでいるか、人それぞれでしょうが、残された時間に応じてさまざまな対策を提言しています。ぜひ本書を熟読し、大学進学という良き機会を、人生を考える場として十分に活かしてほしいと思います。

河本敏浩

目　次

はじめに〜常識の枠組みを超えた「志望理由書」……………… *2*

本書の正しい使い方 ………………………………………………… *6*

第1章　はじめの一歩から完成まで ……………… *7*

誰でもここまで上手くなる ………………………………………… *8*
　　実例①経営学部の志望理由書
　　実例②看護学部の志望理由書
　　実例③農学科の志望理由書
　　実例④園芸学部の志望理由書
　　実例⑤文学部の志望理由書

第2章　「高速」情報収集 ……………………………… *31*

1．**新聞からの情報収集** ………………………………………… *32*
　　実例⑥国際関係学部の新聞ファイルリスト
　　実例⑦医学部の新聞ファイルリスト
　　実例⑧理学療法学科の新聞ファイルリスト

2．**書籍からの情報収集** ………………………………………… *42*
　　実例⑨人間環境学科の書籍ファイルリスト
　　実例⑩健康心理学科の書籍ファイルリスト
　　実例⑪生物資源科学部の書籍ファイルリスト

3．**大学を知る〜パンフレットからの情報収集** ……………… *52*
　　ゼミ一覧／講義一覧／学際的講座（総合科目）

4．**大学を知る〜取材（大学説明会、オープンキャンパス）** ……… *66*
　　実例⑫農学科のオープンキャンパスレポート

5．再び、志望理由書へ ・・・ *74*

実例⑬英文学科の志望理由書
実例⑭生活科学科管理栄養士専攻の志望理由書
実例⑮教育学部初等教育〈幼稚園〉の志望理由書
実例⑯心理学科の志望理由書
実例⑰人間福祉学科の志望理由書
実例⑱人間福祉学科の志望理由書
実例⑲福祉援助学科の志望理由書
実例⑳商学部会計学科の志望理由書
実例㉑看護学科の志望理由書
実例㉒工学部建設工学課程の志望理由書

第3章　自己推薦書の書き方 ・・・・・・・・・・・・・・・・・・・・ *99*

志望理由書と自己推薦書の違いは何か ・・・・・・・・・・・・・・・・・・・・・・・・・ *100*

実例㉓幼児教育学科の自己推薦書
実例㉔心理学科の自己推薦書（活動アピールカード）
実例㉕商学部会計学科の自己推薦書
実例㉖英語学科の自己推薦書
実例㉗社会福祉学科の自己推薦書

第4章　究極の裏技、レポート作成 ・・・・・・・・・・・・・ *115*

レポート作成は最後のチャンス ・・・・・・・・・・・・・・・・・・・・・・・・・・・・・・・・ *116*

実例㉘国際関係学科のレポート
実例㉙健康心理学科のレポート
実例㉚福祉援助学科のレポート

推薦図書一覧 ・・ *138*

巻末付録①　新聞ファイルリスト ・・・・・・・・・・・・・・・・・・・・・・・・・・・・ *142*

巻末付録②　書籍ファイルリスト ・・・・・・・・・・・・・・・・・・・・・・・・・・・・ *144*

おわりに ・・ *146*

本書の正しい使い方

唐突(とうとつ)ですが、クイズです。とても大切な問いです。

> 本書に掲載されている志望理由書の実例をマネして、そのまま大学に提出することは絶対にしてはなりません。なぜでしょう。

ヒント①
「ズルいことだから」というのは理由の一つですが、ここでの答えではありません。
ヒント②
「進路について考える良いきっかけを失うから」というのも理由の一つですが、ここでの答えではありません。
ヒント③
「自分の人生に対する裏切りだから」というのも理由の一つですが、ここでの答えではありません。

答えは本書の最後、「おわりに」にあります。しかし、モノマネ禁止であることの重要性はあらかじめ声を大にして訴えておきます。

モノマネ絶対禁止

ということで、本書の使い方としては、まずしっかり読むこと、さまざまな志望理由書の実例を読んで自分なりの志望理由書を書けるようにすること、これが大切です。志望理由書も書き始めると大変で、ついモノマネの誘惑に負けてしまいそうになります。でも、そんなときは「おわりに」にある、なぜモノマネがダメかの理由をよく読み、その欲望を断(た)ち切って下さい。注意事項はそれだけです。

第1章

はじめの一歩から完成まで

まず、志望理由書の実例をさまざまな形で見ていくことにします。ここでのポイントは、用紙を前にして、全くダメ、苦しい、書けない、動けない、というレベルの人が、どれだけ上手くなっていくのかを体感していくことです。

誰でもここまで上手くなる

どうして「何も書けない」のか

　何かの「書き方」を学ぶとき、大切なのは、**最初から上手い人の文章を参考にしない**ということです。当たり前のことですが、文章力とは、幼い頃からの文章経験が色濃く影響するものなので、幼い頃から本に親しみ、社会問題に関心を持ってきた人は上手くて当然です。

　しかし、そういった最初から上手く書ける人の文章を、「書く」ことに苦手意識を持っている人が参考にしようとすると、参考になるどころか、逆にひどい目にあったりします。

　例えば、小論文の指導法は山ほどありますが、苦手意識がある人にとっては、その多くはいくら話を聞いてもどこか漠然としていて何をすればいいのかさっぱりわからず、結局あまり役に立たなかったという感想を持ってしまいがちです。つまり、文章を読んだり書いたりすることが苦手な人にとって、最初から上手い人が述べるアドバイスは、あまり役に立たないということです。

　もちろん、文章経験が少ないということは問題です。クラブ活動に打ち込んでいたにせよ、アルバイトに夢中になっていたにせよ、大学進学を考える人が文章をあまり読んでいないというのは（書いていないというのはともかく）、やはり良いこととはいえません。その点はぜひ、さっそく今日から改めたいところだといえます。

まとめ
- 「何も書けない」というところから、本書のアドバイスは始まる。
- 理解できない、納得できないアドバイスは参考にしない。
- 下手な文章に接することも大切。

「高速」情報収集とは

　文章経験がないことは問題だと述べましたが、今経験がないからといって、それに心を痛め、気に病む必要はありません。本を読んだり、文章を書いたりすることを習慣として持っていないのなら、今から身につければいいことです。コツを身につけると、1ヶ月あれば劇的に変わり、3ヶ月あれば完璧に変わることができます。ただし、そのコツの習得を間違えないこと、そしてやるべきことは毎日必ずやること、これが大切です。

　またその際に重要なのは、**情報の取捨選択を効果的に行うこと**です。ていねいに文章や情報に接することはとても大切ですが、現代のような高度情報化社会で、つまらない文章や訳のわからない難しい情報にいちいち真剣につき合っていては結局全く前には進めません。

　そこでまず、文章や情報に接する際の最大のコツとして、**流し読み、読み飛ばし、を強く推薦します。なるべく多くの文章や情報を「高速」で読み飛ばし、その中からゆっくり読むべき大切な文章や情報を拾い上げる**習慣を癖として身につけて下さい。そして、このプロセスを踏んでいけば、誰もが必ず自分の特性や長所に合った世界を発見することができます。

　第1章で紹介する多くの志望理由書の実例は、確かに上手くなったものばかりですが、その背後にはここで示した、「多くの文章や情報を『高速』で処理する」というノウハウが存在します。どうしてこんなに上手くなるのか、と疑問に思えて仕方がないものも存在すると思いますが、そこには「高速」情報収集が存在することを心に刻みつけておいて下さい。

まとめ

- コツを身につければ、3ヶ月程度で文章力は飛躍的に向上する。
- 「高速」情報収集こそが上手くなるためのコツである。
- 自分の特性、長所、希望、意欲をきちんと見つめる。

実例❶ 経営学部の志望理由書

本学の学生として過ごす4年間に、しっかりと身につけたいと思うことは何ですか。(400字程度)

はじめて書いた文章（提出2ヶ月半前）

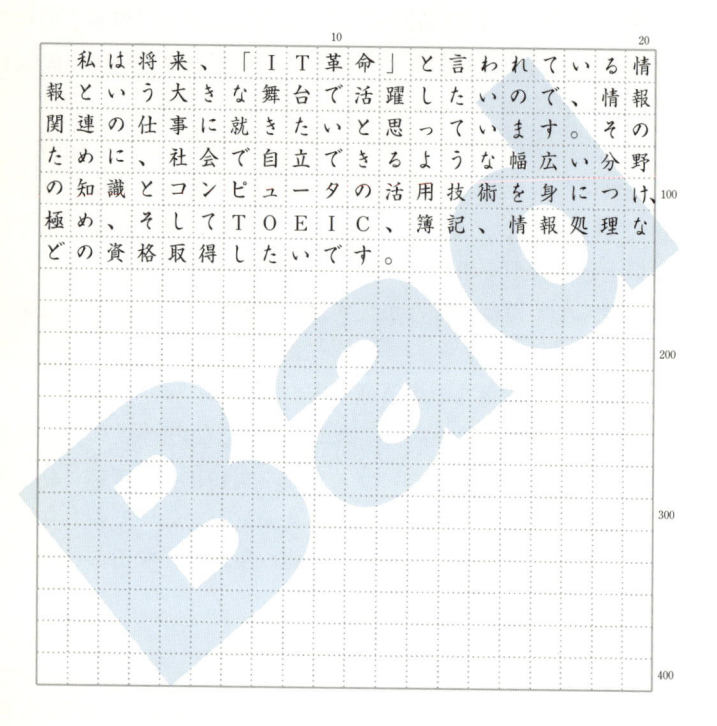

　私は将来、「IT革命」と言われている情報という大きな舞台で活躍したいので、情報関連の仕事に就きたいと思っています。そのために、社会で自立できるような幅広い分野の知識とコンピュータの活用技術を身につけ、極め、そしてTOEIC、簿記、情報処理などの資格取得したいです。

Comment 準備不足で、抽象的、漠然としている点が問題

倍率1.5倍台の経営系単科大学志望者の志望理由書です。事前に提出することが義務づけられ、提出2ヶ月半前にはじめて書いて、何とかひねり出したのがこの文章です。

さらに課題はこの事前提出書類だけではなく、当日に小論文と面接があり、もちろん評定も評価の対象になっています。中でも特に小論文は難問で、過去問題の傾向は一定している（環境問題関連の題材がよく問われていた）とはいえ、かなりマニアックなテーマについて調べ、考える必要がありました。そのため、この志望理由書の書き手は小論文の対策に追われ、事前提出書類の志望理由の問いに対する練り上げになかなか手がつけられませんでした。

ここが問題

❶ 与えられた字数の30％程度しか埋まっていない。
❷ 抽象的で漠然としている。
❸ 気持ちだけが空回りしている。
❹ 最後の結びが中途半端。

日本語のミス

❺ 表現が幼稚。
（「資格取得したいです」→「資格の取得に積極的に取り組んでいきたいと思っています」）

改善のポイント

問いが「しっかり身につけたいこと」と要求しているので、この点を曖昧にぼかすことなく、明確に書く。

本学の学生として過ごす4年間に、しっかりと身につけたいと思うことは何ですか。(400字程度)

提出文章

　私は、将来、情報あるいは通信の会社に就職し、情報産業の世界で仕事をしたいと思っています。そのように考えた理由は、情報・通信という分野に興味があり、より深く勉強をし、知識と技術を身につけて、そのようなダイナミックな場で自分を試してみたいと考えたからです。

　私のこのような希望は決して単純に叶えられるものではなく、いくつかの重要な学ぶべきテーマがあります。今のところ、それを私は、情報通信技術、語学、簿記の資格取得だと考えていますが、このような資格を取得するために、私は大学の講義を最大限活用したいと思っています。**幸い貴校は、情報概論、簿記会計概論やヒアリングを重視した語学講座が豊富で、貴校のカリキュラムに真面目に取り組めば、資格取得も可能だと思います。**また、資格取得に止まらず、その深い意味や運用の仕方まで身につけることができるように感じられます。

　また**貴校には、充実した教養講座があり、実社会の最前線で活躍していらっしゃる教師の方々がおり、より実社会に直結した教育を受けられるなど、魅力的な点が数多くあります。**今の私の目標である、情報・通信に関わる仕事に就くことを主眼として大学生活を送りたいと思います。

Comment 強い具体性が現れるようになった点に注目

　文章に強い具体性が現れるようになったことに注目して下さい。特に大学の講座名を具体的に挙げて説明しているところは、志望理由書の初歩の初歩を押さえているといえます。

　また、特に強い個性が感じられるという文章ではありませんが、倍率1.5倍、求められている字数が短い、小論文がマニアックな出題ということになると、志望理由書はこの程度の出来で十分でしょう。恐いのはむしろ小論文の白紙答案提出の方で、その対策を考えると、このぐらいに書き上がった志望理由書で十分提出可となります。

　また、与えられた字数が400字程度というのも参考になります。大学によっては、2000字（原稿用紙5枚分）書いて提出というところもある中、400字程度の字数というのは、それほど志望理由書自体に重きを置いていないという意志の現れです。

　もちろん、だからといっていい加減に書いていいということではありません。**志望理由書の場合、面接で結局ほぼ同じことが聞かれるので**、「面接でここから詳しく聞かれるだろう」とあらかじめ意識した上できちんと書いてほしいものです。

　逆に、たいして練り上げることなく何となく書いて提出してしまうと、面接のときにピンチに陥ってしまいます。事実、多くの大学の推薦入試での面接は結構シビアで、厳しい質問がかなり飛ぶようです。こうなると、「志望理由書」自体を感動的なまでに上手く仕上げる必要がないとはいえ、大学の教員の前で発表する「志望理由」自体はかなり練り上げておかなければならないことになります。

まとめ
- 入試の課題全体を考えて、どのレベルまで書くか駆け引きする。
- なるべく具体的に書く。
- 大学が何に重きを置いているか、よくリサーチする。

実例❷ 看護学部の志望理由書

「大学に入って学びたいこと」というタイトルで自由に書け。(400字程度)

はじめて書いた文章（提出半年前）

　私にとうて大学というのは未知なものです。私は大学で人生について学びたいです。私の目指している大学は看護学部ですが、私はただ単に看護婦になるためだけに大学へ行こうとは考えていません。それだけなら専門学校に行けばいいのです。大学には講議という、私達が今まで体験しないことをもっているのです。講議という体験をし、大学を卒業し、すばらしい人生を見つけるためのヒントを見つけだすために私は大学へ行きたいのです。また大学には人間関係が幅広くあります。きっと地方の所から来る人も多いでしょう。私はその人間関係に接することにより、私が今まで見てきた人間関係も増えます。私はそこで、もっと幅広く人々の個性について学びたいです。
　大学というのは様々な特徴を持っています。そこで得に学びたいこととして上げたような学びを得たいです。そのような学びを得て、自分の人生が見えてくるのです。つまり大学は自分の人生を考えるための土台を学ぶ場なのです。

（添削：「とうて」→「っ」、「講議」→「義」、「でしょう。」→つめる、「得に」→「特」、「上げた」→「挙」）

Comment 「わからない」なら調べること

　推薦入試で倍率3倍を越える、4年制医療系大学看護学部志望者の志望理由書です。この文章は、最終的な受験からさかのぼること半年前に書かれたもので、特に具体的な志望大学が念頭にあるわけではない頃の文章です。たまたま小論文講座に出席し、その第1回の課題が「大学に入って学びたいこと」だったわけです。

　一読して、いかがでしょう。数多くの問題を抱えていますが、これが実は**志望理由書の第一歩の平均的な姿**なのです。突然、書いてみろと言われれば、誰でもこのようになってしまうのが実情です。

　文章を書くことを大変苦手としているのは、事前の本人の申告にありましたが、やはりこの文章では、全てはじめからていねいに学んだり調べたりする必要があります。果たしてこの文章がどう変わるのでしょうか？

ここが問題
❶大学の具体的な姿についてわからないと言い切っている。
❷いつの間にか人生論になっている。
❸人間関係を学ぶということをあまりに強調するのはよくない。
❹最後の結びが抽象的。

日本語のミス
❺表現が幼稚。
（「学びたいです」→「学びたいと思っています」）
（「大学には…をもっているのです」→「大学には…があります」）

改善のポイント

大学について学ぶ。大学について調べる。

本学を志望する理由を書け。(400字程度)

提出文章

　私は将来、人の命を助ける仕事に就きたいと考えていました。また、私は人と交流することが好きなので、その中でも看護師の仕事に就こうと考えました。**看護師は患者の心を癒せるように常に判断し、行動しなければならない仕事です**。**看護師は人の命や思いという受けとめきれないほど重いものを背負いつつ、意識的に冷静になって先に進まなければなりません**。その意味で、私はどんな状況でも自分自身の看護観を持って患者に対して取り組める一人前の看護師になりたいと思っています。

　看護学科を持つ大学は多くありますが、その中で貴学の特色である国際感覚の育成に最も興味を持ちました。私は学生生活を通して語学をもっと学びたいと思っています。私は将来様々な語学を学び日本だけでなく世界の医療の制度や考えを学びたいと考えています。その意味で私は**語学に関して他の学校では見られないカリキュラムを取り入れている貴学で学びたいと強く思っています**。

Comment　仕事のあり方や講義について語っている点に注目

　何が変わったかというと、文章に強い具体性が現れるようになったという点です（これは実例①と同様です）。特に、看護師の仕事のあり方について述べているところ、さらに大学の特色を講座のレベルで語っているところに好感が持てます。実例①の「提出文章」と続けて読むと、志望理由書のコツのしっぽがすでに見えていますが、気づいたでしょうか。

　また、ここで注目したいのは、この文章が、大学に出願する際に必要な出願書類に書いた「下書き」であるという点です。つまり、原稿用紙にあれこれ添削が加えられ、さらにアドバイスに従っての書き直しを何度も指示されたあげく完成した文章ではなく、「志望理由書が必要になったので、こう書いてみました」と突然持ってきたものなのです（それ故、これはまだ完成した文章ではありません）。最初に書いた文章から半年経っているので、上達し、成長する時間として半年は十分だったということです。

　一体この書き手に何が起こったのでしょう。この書き手の内面で起こった成長を再現するのには、3ヶ月、いや最低限1ヶ月あれば、誰にでもほぼ可能です（ただし、時間が短くなればなるほど大変です）。大切なのは、この書き手が「**高速**」**情報収集の後に、自分で情報をしっかり選んだ**ということです。書きぶりに大人っぽさ、あるいはややオーバーに言えばプロっぽさすら漂う文章ですが、上手いのには、実は大きな理由（＝手品のようなタネ）があるのです。

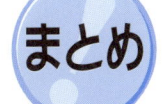

まとめ

・職業像を明確にする。
・大学像、大学の講義のあり方について明確にする。
・自分の意志で情報を選択することが最も大切。

実例❸ 農学科の志望理由書

本学を志望する理由を書け。（400字程度）

はじめて書いた文章（提出4ヶ月前）

　高校3年生になって、周りの友達から「受験」という言葉が出るたびにあせり始めてみたものの実際に自分から受験に対して立ちむかおうとせず、ましてやそんな自分を所属している部活のせいにさえしてたが、今の私はいいわけを道具もない。だから、今からでも間に合うように予備校を探し、勉強に集中できる場を求めた。学校では、指定校推せんを争い、戦いをいどむのは平気だが、予備校では、入試の為に一所懸命頑張る者ばかりで、中途半ばな自分が浮き出ていて自分に腹が立つ、作文は好きだが小論文は大嫌いな自分に。受験を甘くみている自分に。予備校生を見ていると受験の重みが私にのしかかる。これは体力作りには大いに役立ちいいことなのかもしれない。今は、はっきり言って、くじけるすん然でもあるけど、中途半ばな自分のままでいたくもない。自分の意志で受けた構座なのだから、積一杯頑張っていくつもりでいる。大嫌いな小論文を克服するためにも。

（欄外注：探／寸前／講／精）

Comment 自分の内面を率直にぶつけている点はよいが…

　推薦入試で倍率2倍を越える、4年制総合大学の農学科を志望した受験生の文章ですが、これは完全に内容が崩壊した例です。「志望理由を書いて下さい」という指示に対して本当に何も書けなくて、その心境を淡々と綴ったのがこの文章です。

　一読して大変興味深いというか、繊細な心情が伝わってきて面白いというか、さまざまに心乱れる読後感を与えてくれる文章ですが、もちろんこれでは志望理由書のスタイルになっていないので、全く評価に値しません。日本語も崩壊寸前で、特に「頼むからここは漢字で書いてくれ」と声を上げたくなる箇所が多数存在しています。

　率直に言って、ちょっとどうしようもないな、という印象の文章です。

　しかし意外や意外、この受験生には4ヶ月後に大逆転が待っていました。評定も今一つ、文章力も崩壊寸前（特に漢字）のこの書き手に訪れた結末は、都心でも比較的人気の高い総合大学の農学科、推薦入試の堂々の合格でした。

ここが問題

❶自分の体験談しか述べていない。

❷抽象的な心情のみを一方的に書いている。

❸段落構成という意識が全くない。

❹原稿用紙の使い方のミス。

改善のポイント　細かい批判よりも、問題は上手くなるコツをつかむこと。

本学を志望する理由を書け。(600字以内)

提出文章

　環境問題が世界的に注目される現在、地球規模で環境を保全するため、すべての生命に触れ、育て、そして生命の不思議に迫る学問である農学に寄せられる期待は大きくなっている。

　例えば、動物の生命が失われることに多くの人が胸をつかれる思いになるが、植物になると人間は森林を破壊して畑を作ったり薪にしたり平気である。それ故、砂漠化が進行し、緑が減少することで二酸化炭素の量が増え、地球温暖化が提議されている京都議定書などが重要視されている。

　このような世界の中で何が出来るのか、ただ植物を植えるだけで良い訳ではない。植物にも複雑な構造があり、言葉やコミュニケーションを取ることの出来ない植物を知るには、基礎から学んでいく必要がある。

　貴学では、農学科の中でも2つのコースに分かれ、その後も9つもの研究室の中から専門的な知識を学ぶことが出来るということなので、1・2年生では基礎知識を学ぶとともに、学びたいと思う研究室にも積極的に参加していくつもりである。

　また、生物を深く知る楽しさを子供たちにも分かってもらうための教員資格など、資格の取得にもチャレンジしていきたいと思う。

Comment 「これをやりたい」という強い気持ちが第一歩

　ここまで到達するまでに何をしたのか。それはもちろんさまざまですが、その第一歩としてとても大切なことは、「この学部・学科に行きたい」という強い気持ちを持ったことです。最初の崩壊していた文章では、迷いや悩みが率直に語られていましたが、ここではそれが見られません。この文章も実例②と同様、出願書類を下書きとして書いたものですが、それにしても完全な変貌だといえます。

　ここまで「高速」情報収集の大切さ（方法はまだ解説していませんが）や自分で選択する重要性を訴えてきましたが、それができるのはやはり「これをやりたい」という強い決断があってこそです。その学科の世間での評価や就職に対する有利、不利も大切なことですが、そんなことよりも大切なのは**自分がその分野でがんばれるかどうか**ということのはずです。就職に有利だと考えてある学部に進んだとしても、高度な大学教育についていけるのでしょうか？

　親や先生に勧められた学部に適応できなくて、人生の指針がわからなくなり、迷い深き大学生活を送る人は、近年特に増えているように思います。たとえ数年経って自分の選んだ道を変えるにしても、十代後半に一度きちんと進路を考えたというのは、生き方の貴重な基礎になるものです。最初の文章にしても、「自分の素直な気持ちを、書いてくれと頼まれもしないのに書いてみる」という姿勢で貫かれており、その意味で成長する下地はあったのかもしれません。**自分の気持ちを素直に表現し、掘り下げること**は、文章上達の最も根本的な柱だといえます。

まとめ

自分の気持ちを素直に表現する。

実例❹ 園芸学部の志望理由書

「大学に入って学びたいこと」というタイトルで自由に書け。（400字程度）

はじめて書いた文章

　私は将来、公園や緑地をデザインしたりする仕事につきたいと思っている。
　大学に入ったら、私は植物そのものから、気象、風土に関するいろいろな基礎を学びたいと思っている。そして大学で学んだことをいかして、デザインから成作（制作）までをこなしたいと思う。都市化が進む現代において、公園は緑が少なすぎるために気休めにつくられる場合が増えてきている。そのような現状を減らすためにも、大学に入って本来の自然を人の手で守っていけるような公園ずくり（づくり）をしたいと思う。

Comment 踏み込みが浅いと、物足りない文章に

やゃマニアックな学部として園芸学部の志望理由書を取り上げてみました。実は、この書き手の志望大学、学部には推薦入試がなく、一般入試一本で、英語や数学と共に小論文が課されていたのです。

そこで、小論文のトレーニングの一貫(いっかん)として志望理由書を書いたのです。が、突然書いてみろと言われれば、やはり多くの欠点が現れてしまうものです。

ただ今までの実例と異なるのは、比較的具体的に踏み込んだ内容を持っているということです。これはマニアックな学部志望者特有の傾向ですが、好感が持てる部分です。受験生は思いつきで志望学部を決めることが多いのですが、世間にそれほど存在しないマニアックな学部を志望する場合は自分なりにある程度は調べているものです。この実例にはその姿勢が反映されているといえるでしょう。

ただし、字数の短さからいって、まだマニアックさにおいて物足りなさが残ります。こういったマニアックな学部に限らず、**大学（あるいは大学教員）** はマニアの集団ともいえますので、基本的にマニアックな話題は歓迎だと考えるとよいでしょう。特に、園芸学部のような数少ない学部の入試は、マニアとマニアの出会いの場ともいえるのです。面接があれば、そこで盛り上がるかどうかという点が小論文や志望理由書と共に問われるのが特徴です。

> **ここが問題** とにかく短すぎる。

> **改善のポイント** 細かいミスの改善よりも、具体的に書かれた良い部分をまず伸ばしていく。

本学を志望する理由を書け。(600字程度)

提出文章

　私は、大学に入って緑地や公園のデザインについて学びたいと思っている。

　都市化が進み、緑が少なくなってきた今日だが、公園や都市の小スペースを利用し、緑を増やしていきたいと思っている。もちろん一度人間の手で壊してしまった緑を簡単にはもとにもどすことはできないが、人工という形でなるべく自然に近い状態にもどすことは、今私たちにできることなのではないかと感じている。

　それ故、単なるデザイン学ではなく、環境やバリアフリーという視点からもみたデザイン学を学び、幅広い年齢層の人々に楽しんでもらえる公園を考えたい。

　今日の日本の公園は、あまりバリアフリーの視点から考えられたものが少ない。道路の幅が狭かったり、段差が大きかったり。また、遊具を使って障害者の子供が遊べる所がほとんどない。例えば、車いすにのったまま砂場で遊べる場所を作るなど、こうしたことを改善することによって障害者の人々が安心して公園にくることができると思う。環境という点から見ると、公園というものは、人間によって意図的につくられたものだから、自然の森や山などとは違って本当に癒すことはできないものかもしれない。しかし、自分の家の近くの公園で、やすらぎとまではいかなくても、いい遊び場、いい休憩場となり、人々がより多く集まる場所となればいいと思っている。

　このようなことをふまえて、公園のデザインを考え、人々に提供することができたらいいと私は考えている。

Comment 気持ち→情報収集→具体性、という流れが大事

さて志望理由書に何を書くべきか、見えてきたでしょうか。意図的に一つの傾向を強調しているので、勘の良い人ならばわかったかもしれません。

ここまでの実例を通していえることは、以下のようになります。
例えば、**文章の形や書き方にばかり気をとられてはいけない。**
例えば、**白紙状態から完成度の高い文章へと導くのは難しくない。**
例えば、**多大な字数の文章を書くことがそれほど苦しくなくなる。**
大切なのは、気持ち→情報収集→具体性、という流れです。特に「情報収集→具体性」という部分を個々の作業として見た場合、読書、大学のパンフレット、大学説明会、オープンキャンパス、ネット検索などが挙げられるでしょう。これらは近年の大学入試で全く軽視されていたことですが、実に大切なことです。当然、このような行動に裏打ちされた志望理由書の書き手を高く評価する大学には、意欲を持ち、明確な指針を持って大学生活を送る大学生が多数存在することになります。ここでも、何となく漠然と志望理由を書いたり、大学や学部の専門領域について根拠のない思いつきやうろ覚えを書くことの危険性がうかがえます。

いくつかの実例を見てきましたが、ここでみなさんに求められていることは、長所であれ、短所であれ、実例の「提出文章」の共通項を見つけることです。

まとめ 各実例の「提出文章」の共通項を考える。

実例❺ 文学部の志望理由書

「大学に入って学びたいこと」というタイトルで自由に書け。(400字程度)

はじめて書いた文章（提出3ヶ月前）

　私が大学に入ってから学びたいことは二つある。一つは文化人類学である。特に東南アジアの孤島に実際に足を運び、原地の人達と一緒に生活をして、その地域のことを学びたい。
　もう一つは、ボランティア活動に興味があるので、このことについて学びたい。特に動物が大好きなので、現在、日本であまり注目されていない聴導犬のボランティアをやって、イギリスのように聴導犬の活動を活発にするのに貢献したい。できれば、この仕事を生涯やっていきたいと思うが、やはりこういった種類の仕事は収入が少ないと思うので、この仕事をやりながらどのように自分の家族を養っていくのかということも大学に入ってから学びたい。

Comment やりたいことが分裂している点が問題

　第1章の最後に、文学部の志望理由書も確認しておきましょう。この文章の最大の問題点は、やりたいことが2つに分裂している点で、他に問題となる点については以下にまとめた通りです。

　繰り返しますが、誰でも最初はこの程度です。偏差値の高い、低いは関係ありません。ですから、**自分を卑下したり、自分は文章が苦手だ、下手だと思いこまないようにして下さい。**

　当たり前のことですが、誰でも必ず文章は上手くなります。ここで示された実例は、その意味で特別な例ではありません。ごくありふれた高校生の文章だといえます。

ここが問題
❶トレーニングを積まないと短い字数しか書けない。
❷抽象的で漠然としている文章には説得力がない。
❸生き方について漠然と語らない。
❹わからないことは書かない。
❺最後の結びは慎重に。

日本語のミス
❻主語と述語など、文法的な関係を確認する。
❼なるべく簡潔に表現する。

改善のポイント
・設問はしっかり受け止め、明確に答える。
・具体的に書く。
・しっかり調べる。
・マニアックさを追求する。
・自分の気持ちを掘り下げ、突き詰めて考える。
・やりたいことを素直に表現する。

「大学に入って学びたいこと」というタイトルで自由に書け。(600字以内)

提出文章

　私は大学に入ってから人類学、とりわけ文化人類学を学びたい。特に東南アジア諸国（イースター島もふくめた）の民俗・文化・言語・習慣・儀式と沖縄の八重山諸島に興味があるので、この2つの点を中心に学びたい。

　東南アジア諸国に関しては地理的にも行きにくく、また言語的にも違いがあるため、人類学の骨格ともいえるフィールドワークをしにくいので、できれば大学に入ってから研究グループなどに入って共にフィールドワークをし、そこから自立していきたいと思う。また東南アジア諸国は島国特有の排他性を持っているため、一つの地域に溶け込むのには時間がかかるがじっくりと腰をすえてやっていきたいと思う。

　また沖縄の八重山諸島は国内であるためフィールドワークもしやすいので、大学に入ったら早くから訪れてみたい。その中でまず八重山諸島の人々がどこから来たかということと、日本の領土になるまでの歴史について学びたい。その次に人々に口づたえに伝えられてきた昔話や民話や民謡を調べ、現代の人々の生活にどのような影響を与えているかを調べていきたい。

Comment 効果的な調べ方をすれば短期間でも上手くなる

　関心が2つに分裂していた文章は、書き直しによって改められました。文化人類学、その中でも特にフィールドワークに関心があるということが、十分に伝わってきます。

　ほんの3ヶ月ですが、効果的な調べ方をすれば、十分に具体的で説得力に満ちた、そして読んでいて面白い文章は書けるものです。

　後日談ですが、この文化人類学を学びたいと書いた受験生は、その後、勉強に拍車(はくしゃ)がかかり、結局、第一志望の大学に合格しました。あるとき、彼は、なぜ必死に勉強するようになったのかと問われて、次のように答えました。

「自分が何をやりたいか、はっきりわかったから」

　自分のやりたいことのためならば、嫌(いや)な勉強でもするものです。やる気になる、ということはただ単に、それだけのことです。

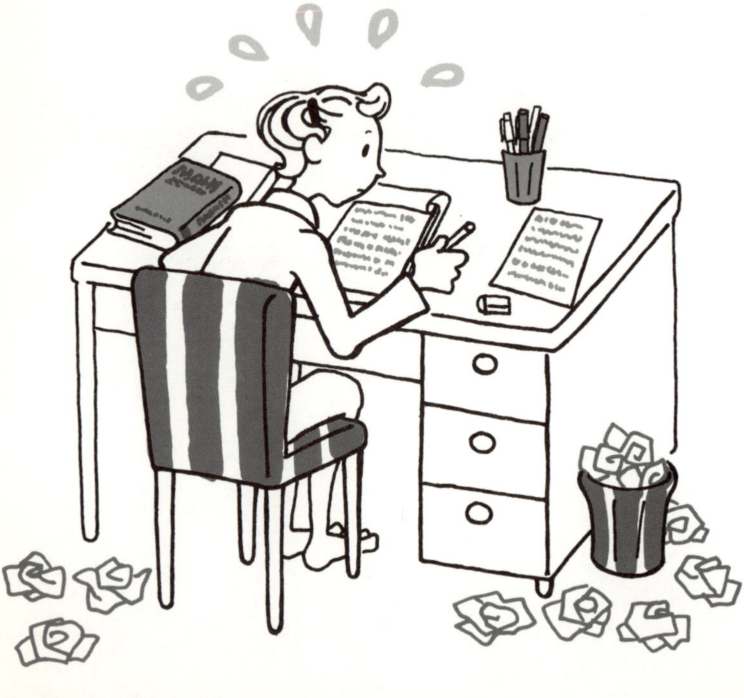

第2章

「高速」情報収集

志望理由書は誰でも上手くなるものですが、そのための情報収集には明確なコツがあります。それは、「高速」で次々と情報に接していくというものです。雑であることに目をつぶり、流し読み、読み飛ばしでどんどん文字情報に接していくのです。普段の勉強の方法論とは明らかに違うでしょうが、その効果は絶大です。情報収集の仕方で世界の見方が一変するというドラマをぜひ体感して下さい。

内面から攻める―「高速」情報収集―

1．新聞からの情報収集

　新聞を毎日読め、と言われる受験生は少なくありません。脳死、安楽死の問題、沸騰する東アジアの問題など、小論文でよく出題されそうなテーマを与えられて、それを新聞の記事を駆使しながら考えていく、という作業もよく見かける風景です。

　さて、ここで考えなければならないのは、「**新聞を読む**」という作業も、そのテーマがあくまで「**与えられたもの**」である限り、小論文には役立ったとしても、**志望理由書にはあまり貢献しない**、ということです。与えられたテーマが自分の志望する学部とつながる場合はよいのですが、そうでない場合は、どうして自分がそのテーマに取り組んでいるのか、よくわからないままぼんやりやっているという最悪な事態まで考えられます。

　ならば、どうしたらよいのでしょうか。答えは簡単です。全てのルールを逆転させてしまうのです。すなわち、与えられたテーマを読むのではなく、**テーマを自分で探し出す**、そして熱心に読むのではなく、**新聞をあまり読まないで記事を集める**ということをしてみるのです。

　多少手間がかかりますが、あまり読まないというルールならば、それほど面倒な作業ではありません。無理して読んで挫折するのが最悪のパターンです。無理するぐらいならば、ざっと見て保管、という習慣を身につけ、読むのを先送りにしてしまって下さい。

> ここに注目

「新聞ファイルリスト」の作成方法

❶毎日、新聞を（朝刊、夕刊共に）めくる。

❷見出しなどから推測して、面白そうな記事を破って保管する。
→このとき、はさみで切って、のりで貼って、というていねいなことをしない。

❸志望する学部・学科と関連する記事は、面白くなくても一応保管しておく。
→関連ページがたくさんあるときは、その中から面白いものだけを保管しておけばよい。

❹さぼっても、さかのぼらない。
→読んでいない新聞がたまったならば、そのまま無視。前までの分は忘れる。

❺各記事に、自分の感性を頼りに心の中でランクをつける。
→最高が5、最低が1。基準は、自分にとって役立つかではなく、面白いか、興味深いかという点。

❻記事はあまり読まないというルールだが、どうしても読んでみたくなった場合は、じっくり読んでもいい。
→ただし、途中まで読めたが、後半から突然難しくなって…という場合、即刻読むのをやめて保管に切り替える。
→どうしてもじっくり読みたい、という記事があれば、それがおそらく自分の「個性」を発見する手がかり。

❼巻末付録①「新聞ファイルリスト」をコピーして、次々に新聞記事をリストに加えていく。

❽「新聞ファイルリスト」に一言感想と評価（基準は❺と同様）を書きこんでいく。
→実例⑥⑦⑧の「新聞ファイルリスト」参照。

第2章 「高速」情報収集

実例❻ 国際関係学部の新聞ファイルリスト

日付	見出し・一言内容説明	一言感想	評価
○/16 朝刊	アフガニスタン人材流出 国際支援遅れ、給料不十分	解決するのは難しい	2
○/16 夕刊	イスラエル支持者一堂 米連邦議会前で史上最大デモ	良くない	1
○/17 夕刊	死臭漂う中「最後の食事」 ろう城2週間、疲労募る	すごく怖い	2
○/17 朝刊	難航アフガン地雷除去 米軍の空爆が新たな"脅威"に	信じられない	2
○/18 朝刊	ビンラディンの金融資産を凍結	そうした方がいい	1
○/18 夕刊	日本は世界の足かせ 日本の景気回復遅れ、批判	日本の景気が世界に関係しているなんて知らなかった	1
○/19 夕刊	UA93便、最後の31分 遺族に「音声記録」公開	悲しいし、恐い	3
○/19 朝刊	イスラム教徒ら提訴 米同時テロ後「不当に拘束」	あってはならない	2
○/20 朝刊	首相の靖国参拝慎重対応求める	行かない方が良かった	1
○/20 夕刊	ファハタ幹部「殉教者になる」 息子だけは自爆犯にするな	どうかしてる…	2
○/21 朝刊	ジェニンで何が 虐殺疑惑	本当のこととは思えない	1
○/22 夕刊	小川洋子のひとりごと 通訳ぬきの会話は苦行	私は通訳いたらヤダ	3
○/23 朝刊	石壁の町 廃虚に イスラエルが旧市街を攻撃	ヒドイ	2
○/24 朝刊	国威発揚、外貨獲得狙う 北朝鮮のマスゲーム	気持ち悪い…	1
○/25 夕刊	14歳3人自爆図る	若いのに信じられない	3
○/26 朝刊	何でも語り合おう 日韓関係仲良く	本当にそうなれば良い	1
○/28 朝刊	言葉は世につれ 「ズボン」を「パンツ」というのは恥ずかしい	面白い	2

Comment 集めた記事に評価をつけてみると…

　国際関係の学部に進みたいと宣言していた受験生のファイルリストですが、これは大きな問題を抱えています。それは、国際関係学部に進みたいと考えているはずなのに、国際問題に関係する記事に5がついていないという点に現れています。

　当然、無理に5をつけることはやってはいけませんが、それにしても評価が1～3で揃っているのは、大学進学後の専門教育の対応に大きな危険性を感じさせます。つまり、もしかすると国際関係学部は向いていないかもしれない、という印象を抱いてしまうのです。

　新聞を毎日保管する意味は、まずこのような**志望のミスマッチを防止する**ためです。新聞はかなり雑多なジャンルで構成されているので、必ず大学教育と連なる記事があるはずです。しかし、この実例⑥のファイルリストのように、自分の志望する学部に関連する記事の評価が低かったり、あるいは自分の志望とは異なるジャンルの記事に目が向いてしまうのは、別の可能性、別の適性を暗に示しているともいえます。これは明らかに、自分の適性をもう一度見つめ直すよい機会なのです。

　ということで、このファイルの作成者に実際に話を聞いてみると、正直な感想として出てきたのは、「自分の関心を度外視して国際関係関連の記事を集めました」という言葉でした。

　繰り返し確認しますが、志望理由書とは「**自分がどうしたいのか**」「**自分が何に向いているのか**」を伝える場に他なりません。それを、自分の関心を度外視して書けば、混乱するのは当然です。まず大切なのは、**自分の関心**です。その意味で、新聞はさまざまな記事があるので、軽く目を通しながら自分の興味がどこにあるのか、改めて再点検してみるといいでしょう。

実例❼ 医学部の新聞ファイルリスト

日付	見出し・一言内容説明	一言感想	評価
朝刊	脳死移植 脳死判定	まだまだ問題が残っている	4
朝刊	抗加齢医学 老化予防策の長所・短所	役立ちそう…	5
夕刊	医療事故対策 過失の検証の重要性	適格な意見である	5
夕刊	燃料電池 燃料電池の実用化に向けて	もう少しで完成しそう	3
夕刊	BSE 解決への課題 課題着手の不安	積極的に取り組むべきである	4
朝刊	心筋梗塞 心筋梗塞が薬で治る	近代医学の発達を感じる	5
朝刊	医療事故 事故に対する意識の薄さ	早期改善を…	5
朝刊	がん治療 すい臓がん縮小に成功	やった	5
朝刊	骨粗鬆症 効果のある薬の解明	治るのか？	4
朝刊	医療事故 事故隠ぺい体質	なぜ隠すのか？	5
朝刊	人工心臓 実用化に向け、対策が進む	心臓まで作れるとは	5
朝刊	再生医療 クローンで臓器を作る	すごすぎる	5
夕刊	再生医療 クローンで臓器を作る	すごすぎる	5
朝刊	医療事故 事故後の具体的対策案	しっかりやってほしい	5
朝刊	血液基本法 血液感染を防ぐためにする事	ずさんであった	5
夕刊	不妊治療 不妊看護師の認定	治療を受けやすい環境になるだろう	3

Comment 評価の数値は散っている方がよい

　自分の進みたい学部・学科関連という限定であれば、毎日の新聞記事くらいは、ある部分、ある程度、面白く感じなければなりません。高度な専門科目に接近するための基礎知識としてもそれらは重要でしょう。その点で、実例⑥の新聞ファイルリストにはやや危ういものがあるといえました。

　しかし、実例⑦はどうでしょう。こちらは逆に5が多すぎるといえます。5は本当に自分の関心の中心であり、この5を起点に大学、学部選び、あるいは志望理由の形成がなされるべきものなのです。

　つまり、この実例⑦のように5の評価があまりに多いと、今度は切り口が多すぎて核を失ってしまうことになります。このような場合はまず、全ての5をいったん4にしてしまいます。しかし、その中でも、どうしても4にしたくないものがあれば、それが真の5となります。

　このファイルの作成者に実際に話を聞いてみると、全ての5を4に変えることには同意できず、どうしても医療事故の問題だけは5として残しておきたい、という意見が出ました。

　となると、このファイルの作成者は確かな財産を得ることになります。医療事故という切り口を得たこの作成者は、後に続く医療事故関連の記事、書籍、大学パンフレットの収集を通して、専門科目の講義で医療事故防止に積極的に取り組んでいる大学を志望すると、志望理由に大変強い説得力が生まれます。

　医療事故に関心を持つ→情報収集を進める→医療事故防止に積極的な大学を探す→志望理由として志望大学の医療事故防止のための教育を評価する。

　過去において情報収集の実績があり、未来においてその実績を踏まえた志望が存在する、このような構図こそ説得力の源なのです。

実例❽ 理学療法学科の新聞ファイルリスト

日付	見出し・一言内容説明	一言感想	評価
○/15 夕刊	孤独のレッスン 自分史を書き通すことで自信も	いい話だと思う	3
○/16 朝刊	eメール時評 大学新入生は11歳かも	自分はもっとしっかりしていたい	2
○/16 夕刊	美術 人類と絵	この絵をみてみたい	1
○/17 朝刊	障害者と音楽 全盲のテノール歌手	いろんな苦労がありそう	3
○/17 夕刊	法の町医者 地方に弁護士がいない	積極的に行ってほしい	1
○/18 夕刊	先天性病気と簡保 遺伝情報による差別	しっかり考えるべきことだ	4
○/18 朝刊	患者の不信感 病院の取り組み方	深刻な問題である	4
○/19 夕刊	虐待 親子別居が急増	何で子どもを虐待するのか	3
○/19 朝刊	障害者と音楽 障害あっても不可能ない	障害者のまわりの環境がよい	3
○/22 夕刊	安楽死 薬剤管理体制など	安楽死は難しい問題だ	2
○/22 朝刊	元気 現代社会はストレスだらけ	いろんなストレスがありそう	3
○/23 朝刊	安楽死 鎮静剤も致死量	医者のあり方が問われる	2
○/23 夕刊	安楽死 長男説明受けず	人の生死を判断することはできるのか？	3
○/24 朝刊	生殖医療 いのちをつくる技術	医学はすごいものだ	3
○/25 朝刊	安楽死について 延命決定権だれに	自分が当事者だったらどうするか	3
○/25 夕刊	言語の身体化 国語はスポーツ	あんまり本を読まなかった	3
○/26 朝刊	ふれあい相乗効果 子どもとお年寄り	大切なことだと思った	4
○/26 夕刊	本の説明 乳ガンの治療法と心	ガンの人は何を考えているのか	3
○/27 朝刊	そして食道は残った 「放射線＋薬」	手術だけが治療法ではない	4

Comment だんだん関心が固まっていくのは良いこと

　単純に面白いというものを集め、その集まったファイルを見ながら自分の進む学部・学科や大学の適性を考え直す（実例⑥）、あるいは面白いと思うものがたくさんある中で、その中でも一番最初にどの切り口に取り組むかじっくり考える（実例⑦）、そうやすやすと評価5を安売りせず、自分の興味や関心の焦点を絞っていく。

　これが新聞ファイルリスト作成の大きな目的です。ですから、**じっくり読むのは後回しにして、まず、何をじっくり読むべきか探し出すことが大切です**。第2章のはじめに「（じっくり）読まなくていい」と述べたのは、このような意図があったからです。

　また、これらの点を踏まえて実例⑧のファイルを見るとなかなか良い傾向がうかがえます。一つは、最初はバラバラだった関心が、医療系の話題、特に障害者をめぐる社会的問題にまとまっていく様子がうかがえる点です。関心があるならば何でも取っていいのですが、集めていくうちにだんだん医療の世界が具体的な像となって浮かび上がり、本当に興味深いと思う気持ちが湧き上がってくるさまがリストから見てとれます。もう一つは、記事に対する評価が1から4まできれいに分かれている点です。何でもかんでも興味があるというのでは真実味がありませんし、かといって4や5がつかないというのは、これはこれでまた逆に問題です。

　このファイルリストにはまだ5がついていませんが、それは十分に許容範囲です。5を安売りせず、毎日、新聞に接していけば、必ず5はやってきます。いずれにしろ、ここでのファイルのあり方は成功を予感させる好感の持てるものになっているといえます。

新聞が与えてくれる副産物

　毎日、新聞をめくる。ざっとでいいから、読んでファイルする。この習慣は、非常に多くの副産物を与えてくれます。一つは**基礎的な国語力がつく**という点、一つは**志望学部・学科に対する確信が生まれる**という点、一つは**志望理由書が具体的になる**という点、一つは**面接のときの話題作りになる**という点です。

　実際に、成功する受験生というのは、文系であれ、理系であれ、毎日ざっと新聞を読む習慣を持っているものです。熟読するとなると大変ですが、ざっとでも目を通していく、その積み重ねによって、社会的な話題についてもその背景まで理解した深い洞察ができるようになるものです。

　国語力という点でいえば、電子辞書を学校内に持ち込む人が多くなってから、小論文や志望理由書（の下書き）で非常に多くの誤字が見られるようになりました。近年では特に、基本的な漢字でつまずくケースが多く見られるようになっています。

　漢字については、「書き取り」のような手間のかかる対策も本当はするべきなのでしょうが、時間がない受験生にとっては、新聞で毎日漢字を「見る」だけでも大きな効果があります。志望理由書でも小論文でも、難しい漢字を無理に使う必要はないので、基本的な漢字のトレーニングとしても、新聞を読むことは役に立つのです。

　志望学部・学科に対する確信、そしてその具体像の把握という点は、志望理由書を書く場合には絶対的に大切です。「弱い」志望理由書は、「伝統」や「教育環境」など、抽象的な情報によりかかって書かれているものです。

　国際関係学部志望ならば、当然、「国際」といってもどの地域の、どの点での関心か、ということが鋭く問われます。アジアなのか、アフリカなのか、ヨーロッパなのか。ヨーロッパならば、フランス

なのか、ドイツなのか、それともEUのような大きなまとまりなのか。そして、ドイツならば、ドイツのどんな点が、と次々具体的な質問が飛んでくるのを想定して、志望理由書を書く必要があります。

抽象的な情報に逃げれば評価は下がり、具体的な情報を織り込めば（面接なども含め）今度は深く突っ込まれる。どっちにしても受験生にとっては大変なのですが、どうせ大変ならば、どんどん具体的な局面に切り込んでいくべきです。

自分の関心の核を見つける

受身であってはならない、目的意識を持つべきだ、というのは以上のような点を踏まえてです。具体的な関心を持ち、さらにそれに合わせて新聞を読む力を持つ受験生を、大学は冷遇しません。多くの受験生は、放っておけば、曖昧で抽象的なことを言って逃げようとします。当然、そうあってはなりません。

そして、だからこそ自分の関心の核を見つけるべきなのです。**自分の選んだことでなければ、どんどん掘り下げていく、そのパワーが得られません**。この点を最初のところで間違えると、「スタートへ戻る」を繰り返すことになるので、ぜひ気をつけたいところです。

新聞に親しみ、漢字に親しみ、掘り下げるべきテーマを発見する。ここまでくれば、そのテーマを掘り下げ、さらにそのテーマが自分の志望する大学で取り組めるのかを確認するだけです。

そのためには、まだいくつかの取り組むべき課題があります。次の項では、テーマの掘り下げと密接につながる書籍ファイルリストの作成について解説していきます。

2．書籍からの情報収集

　新聞の次は、書籍を使っての情報収集に移ります。受験生を審査する大学の教員は、基本的に、ある学問ジャンルの、あるテーマに関してのマニアです。このマニアに対して、ずいぶん年下の受験生が対等にものを言おうとしたり、知ったかぶりをすると、当たり前のことですが、嫌われます。

　しかし、自分が興味を持っていることについて、半分は「学ぶ」気持ちで、半分は本当にそれが学べるのかチェックする気持ちで文章（志望理由書）にすると、例外なく喜ばれます。マニアの世界に生きる住人としては、マニア志願者が目の前に現れて必死に仲間に加わりたいと訴えたならば、嫌な気持ちを抱くことはありません。

　その点で、書籍の探索というのは非常に大切です。それも、**多くの本と触れるために、学校の図書室、地域の図書館を有効活用する**のは欠かせない対策です。特に、地域の図書館には多くの本があり、その中には「当たり」の本、つまりマニアが思わず喜ぶ本が隠れているケースが多いのです。

　以上を踏まえて、書籍の探索の方法を示します。ちょっと独特で戸惑うことがあるかもしれませんが、情報収集の方法としてはベストなものなので、ぜひそのまま実行して下さい。ただし、条件として、**新聞ファイルリストの作成をある程度続け、自分の関心がどこにあるのか、ある程度形になっている**、ということが必要です。これがなければちょっと作業としては苦しくなるので、**新聞→自分の関心の発見→書籍**、というプロセスは大切にして下さい。

　目指すは50冊の書籍の探索です。50冊というと大変そうに思えるかもしれませんが、次のような方法ならば無理ではありません。

> ここに注目

「書籍ファイルリスト」の作成方法～図書館の歩き方

❶「新聞ファイルリスト」から発見された、自分のテーマを持って図書館に向かう。

❷自分のテーマに関連する書棚がどこにあるのか探す。図書館の司書に相談するとよい。「新聞ファイルリスト」を持って相談すると、司書もわかりやすくてアドバイスが的確になる。

❸書棚の端から本を抜いていき、目次に目を通した後、ページをパラパラとめくり、それが理解できるものかどうか確認する。目安は1冊2～3分で、あまり真剣に読んではならない。真剣に読むと良い本を探す時間が奪われる。じっくり読むのは後。

❹あるテーマに沿って（ただし、本を探すテーマの領域を広く取って）「読みやすそう」「一部理解できそう」「面白そう」という印象を持ったら書棚から抜き、積み上げていく。自分の「勘」を信じる。

❺ある程度本が積み上げられたら、座席に移動し、もう一度本を読み返す。このとき、あまり古い本は重視しない。古い本にも良い本はあるが、時代遅れになっている可能性はどんな本にでもある。

❻本を「高速」（1冊2～5分）で流し読み。難しいところはどんどんパス。たまたまページを開いて、たまたま目に止まり、読んでみると面白いというページがあれば、即コピー。印象に残ったページ、感動したページこそが大切。

→全てを理解する必要はない。仮に298ページ分、全く理解できなくても、2ページ感動する内容があればよい。

❼巻末付録②「書籍ファイルリスト」をコピーして、次々にリストに加えていく。「新聞ファイルリスト」と同様に、それぞれの本に5段階の評価をつけていく。

実例⑨ 人間環境学科の書籍ファイルリスト

書名	著者・出版社	一言感想	評価
緑の環境デザイン	斉藤一雄、田畑貞寿（日本放送出版協会）	自分のやりたいことが書かれていておもしろい。	5
人にやさしい公園づくり	浅野房世、亀山始、三宅祥介（鹿島出版会）	身体障害者の立場に立って、公園デザインなどについて書いてある本で、けっこう感心した。	5
初学者のための都市工学入門	高見沢実（鹿島出版会）	工学が中心で緑に対してはあまり書いていない。	3
都市の夜間景観の演出	建設省都市局都市計画課：監修、都市の夜間景観研究会：編者（大成出版社）	夜に木をライトアップすることによって昼間とはぜんぜん異なった景色になることに驚いた。	3
循環と共生する建築	野沢正光（建築資料研究社）	おもしろい本だったが、建物の内部構造に重点が置かれている。	3
木の見かた、楽しみかた	八田洋章（朝日新聞社）	樹木について、季節ごとに見られる特徴などが記してある本で、おもしろいと思った。	3
都市にとって自然とはなにか	財団法人余暇開発センター：編者（社団法人濃山漁村文化協会）	環境問題の自然というだけでなく、自然で街で見つけたものの良さ、「偶然にできた自然」という視点から見た本。ちょっと感心した。	4
街路の景観設計	土木学会（技報堂出版）	街路のはばや樹木の有無、アスファルトの種類によってそれぞれの機能する点が違うことに感心した。	4
都市開発を考える	大野輝之、レイコ・ハベエバンズ（岩波書店）	日本とアメリカの都市開発の基準の違いなどが書かれている本で、おもしろかった。	4
楽園と庭	川崎寿彦（中央公論社）	主にイギリス庭園について、イギリスに庭ができる歴史が書かれている。	2
森はよみがえる	石城謙吉（講談社）	「公園は人工のものだから、本当に人をいやすことはできない」という言葉に考えさせられた。	4
快適都市空間をつくる	青木仁（中央公論新社）	私たちは、小さな頃から、ごみごみとした住宅が立ち並ぶ地域に暮らしているので、あまり快適じゃないと感じないが、アメリカや戦前の日本と比べると、現在の日本のひどさがわかった。	4
ＩＴ汚染	吉田文和（岩波書店）	ＩＴと聞くと、私は進歩したというプラス面しかうかばないのだが、この本を読んでみて、マイナス面も大きいことがわかった。	4
共生の生態学	栗原康（岩波書店）	人間が破壊してきた自然は、共生という生態系も壊していて、元に戻すことは極めて難しいことだとわかった。	4
ごみとリサイクル	寄本勝美（岩波書店）	ゴミ問題やリサイクルについて、以前から少し興味があったからおもしろかった。	5
園芸学入門	田中宏（川島書店）	「園芸と造園を切り離して考える」のが普通らしい。このため造園についてはのっていなかった。	2
ビオトープみんなでつくる①	塩瀬治（星の環会）	自然とふれあう授業が取り入れられているドイツに感心した。	4
緑の冒険	向後元彦（岩波書店）	主に「砂漠にマングローブを育てよう」とすることが書いてある。マングローブが人々の生活に役立っていることをはじめて知った。	4

Comment 自分の感性に従ってベストの本を探す

　まず、『楽園と庭』という本の感想欄に注目して下さい。「主にイギリス庭園について、…が書かれている」と非常に簡単な内容説明のみが記されているだけで、評価も低く、2です。当然のことながら、このファイルの作成者は、きちんとこの本を読んでいません。2分でさっさとページをめくり、「～について、…が書かれている」と記して終わりです。それでも記録に残しておくのは、どこでこの本が役に立つかわからないからです。今は、「勘」で自分の関心に沿って流し読みしているだけでも、後に大学が発信する情報に接する際に、思わぬ形で役立ってくれることがあるのです。

　当然、このような意味も含めて50冊なのです。真剣に読んだ本50冊ならば途方もない数字ですが、読み飛ばした本50冊ならば決して難しい数字ではありません。

　また、評価5の本ばかりが集まるのも不気味です。医療であれ、経営学であれ、自分の関心の重なる分野ならば全ての話題が楽しい、などということはあり得ません。新聞ファイルリストを作成する際にも同様のアドバイスがありましたが、評価5ばかりが集中するのは決して歓迎すべきことではなく、1から5までがバランスよく散り、評価3と評価4の本については1冊につき4ページから8ページのコピーが取れ、評価5の本については購入する、というスタンスが理想的です。

　目安としては、評価5の本が2～3冊（お金を惜しまず購入する）、3と4の本が20～30冊程度、それ以外は1と2といった具合です。

　一つのジャンルを決めるのが新聞だとすると、その**ジャンルの中のどういったテーマが面白いのかを考える**のが書籍の探索ということになります。大切なのは、あくまでバランスなのです。

実例⓾ 健康心理学科の書籍ファイルリスト

書名	著者・出版社	一言感想	評価
現場報告・子どもがおかしい	前原寛、茂山忠茂、古賀靖之、堀口博美、寺園康一、小谷敏（南方新社）	子供たちがあれていく実態が分かった。共感できる部分がたくさんあった。	3
信は力なり 可能性の限界に挑む	山口良治（旬報社）	久しぶりにいい本を読んだという感じ。筆者のラグビーを通しての力強い言葉に心が揺れた。	4
はたらくアジアの子どもたち	佐竹庸子（岩崎書店）	中学生向きの本だが、とても分かりやすく書かれていた。この本1冊読めば、大まかなことは分かると思う。	4
調べて学ぶ世界のすがた(3)民族・国家・社会	大野一夫、神本直子、黒木俊治、福原美江、若木久蔵（大日本図書）	グラフを用いてあり、分かりやすかった。しかし、文が少ない。世界の状況が分かった。	4
パラリンピック物語	土方正志、奥野安彦（リトル・モア）	本に没頭してしまった（おもしろかった）。スポーツをすることの楽しさが伝わってきた。	4
勝ちにいくスポーツ心理学	高畑好秀（山海堂）	スポーツ心理学を勉強している人にとってはとても大事な本。大学に入ったらもう一度読んでみた方がいいが、今は少し必要ない気がする。	3
早稲田大学デジタル革命	松岡一郎（アルク）	大学での教育のあり方がというような感じで、ちょっと私の題材からはズレていた。	1
スポーツ文化の変容	杉本厚夫（世界思想社）	読むのが難しかった。例がたくさん使われていて、あまりいい箇所なし。	2
奇跡のリーダーシップ チームをNo.1にした男たち	二宮清純（小学館）	25項目あり、それぞれ各業界の話である。今回は3、4項目しか読めなかったが、時間がある時に他のも読みたい。この一冊で色々なスポーツのことが分かる。	4
甲子園の心を求めて	佐藤道輔（報知新聞社）	周りの人への感謝の言葉が書かれている部分が多く、これといってあまりいい箇所はなかった。	2
早稲田ラグビー名勝負物語	沼尻勉（講談社）	その時代、時代の記録的なものが多かった。一人、一人の選手のことやその試合のことを分かっているという前提で書いてあったので分からない部分がある。	3
サッカーへの招待	大住良之（岩波書店）	読んだ所が、今までのサッカーの歴史（日本に普及した歴史）だったので、あまりおもしろくなかった。	2
トレーニングの科学	宮下充正（講談社）	専門的用語や知識を学ぶにはいいと思う。しかし、ちょっと古い本なので、現在とちょっと違う考え方の部分がでてくる。参考にしていいかどうかは不明。	3
ラグビー荒ぶる魂	大谷鉄之祐（岩波書店）	おもしろい!! どんどん引き込まれていくように熱中できる。今度は全部読んでみたい。	4
仮面をかぶった子供たち	景山任佐（東京工業大学教授）（ひらく）	子を持つ親は、一回はこの本を読んでみた方がいいと思った。私にはまだ少し早かった気がするが、共感できた部分もあった。	3
障害者は、いま	大野智也（岩波書店）	障害者が私たち、社会に望んでいることが詳しく書かれている。その望みの1つでも多く、早く実行することで、もっと障害者への接し方が変わってきて、身近な人たちとなることができると思う。時間をかけて読みたい。	4

Comment　流し読みを重ねることで取り組むテーマを絞る

　このファイルリストは「子供」「スポーツ」「障害」をキーワードに本が集められています。このように、**関心がジャンルを超えて広がったり、そもそもどのジャンルに入るのかわからない場合は、どんどん相談してみることです。**

　学校の先生、先輩、図書館の司書、あるいは大学説明会で実際に大学の教員に質問してもよいでしょう。1人の人がわからなくても、次々質問していくうちに、だんだん理解ある大人と出会う可能性がふくらんできます。

　このファイルの作成者も、リストの続き具合で関心が少しずつ移動していっているのが見てとれます。まず子供の問題、次にスポーツ、最後に障害者福祉、といった具合です。

　新聞記事の収集で複数の関心が浮かび上がり、さらにそれが一つの学部に収まる場合、無理にテーマを一つに設定せず、50冊のリストをいくつかのグループに分けるとよいでしょう。このような作業によって、さらに、具体的なテーマとして関心があるのは1位はこれ、2位はこれ、と決まっていきます。

　そして、このような労力がそのまま、まず志望理由書へ、そして小論文、面接へと波及(はきゅう)していきます。少なくとも、たくさんの情報に接し、選び、決めていくことのできる受験生が冷たくあしらわれることはありません。それこそまさに、暗記ではない、詰め込みでもない、真の「学び」の像に近いものだといえるのです。

実例⑪ 生物資源科学部の書籍ファイルリスト

書名	著者・出版社	一言感想	評価
植物生態生理学	W.ラルヘル	わからない用語があったときなどに使用。	3
図解雑学生態系	児玉浩憲	買いたいほど。	5
植物の「見かけ」はどう決まる	塚谷裕一	「遺伝子による制御」遺伝子解析最前線の息吹を伝える。	3
エンジニアから見た植物のしくみ 環境と闘う脅威のメカニズム	軽部征夫、花方信孝	大学で研究した内容もりだくさん（クロロフィル）、買いたい。	5
植物生理学入門	桜井英博	生理学というのが分からないが、数枚コピーと自分の興味がある…。	4
植物生理学	増田芳雄、菊山宗弘	内容がよい。フィトクロム（光）・光合成・環境・運動・データ（多）。	5
資源植物学フィールドノート	小川鐵夫	巻末の内容が興味深い。志願理由書に使える。今度見よう。	5
農業と気象－地球温暖化のなかで	内嶋善兵衛	新聞に連載している。気象とのかかわりが分かりやすく載っている。	5
日本農業の動きNo.126「環境」を取り込む「農」	農政ジャーナリストの会		2
土壌の神秘－ガイアを癒す人びと	ピータートムプキンズ、クリストファーバード		2
サンマーク文庫［マンガ］地球を救う大変革	比嘉照夫、川上ケイ、林伸彦	（EM）農業の究極。	5
はじめに土あり－健康と美の原点	中島常允		3
日本経済と農業問題	東井正美	推薦にはいいかも、でも読みにくい。	4
多様性の植物学①植物の世界	岩槻邦男、加藤雅啓	さすが東大、むずかしい。	2
多様性の植物学②植物の系統	岩槻邦男、加藤雅啓	さすが東大、むずかしい。	2
知られざる植物の超能力!!	三上晃	いろんな大学の教授が書いた小論文の内容も含まれていたりと、おもしろい内容。	4
植物のこころ	塚谷裕一	文章の書き方など学ぶのによい。自分が思っていることを書いてあるから。	5
植物と人間 生物社会のバランス	宮脇昭	植物と人とのかかわりあいがのっていて良い。（現代のことが）内容がおもしろい。	5
スミレもタンポポもなぜこんなにたくましいのか 人に踏まれて強くなる雑草学入門	林茂弥etc	雑草の話だから自分の好きな植物を探すのにいいぐらい。	2
「飢餓」と「飽食」	荏開津典生	途上国と先進国との差や、肥料農業。しかし古い。	4
沈黙の春	R.カーソン	読書…。	4
環境ホルモン55の大疑問	井口泰泉	ホルモンの問題については少ないが…。	4
農薬の空中散布と環境ホルモン	久慈力	地域限定。	2
環境と社会―果てしなき対立の構図	A.シュネイバーグ、K.A.グールド		2
化学物質から身を守る方法	天笠啓祐	化学物質限定、深入りしすぎかも。	3

Comment 選ぶまで流し読み、選んだら熟読

　じっくり読むのは選んでから、というのが、この実例⑪の感想欄を見るとよくわかります。ずいぶんクールなコメントが続きますが、態度としてはこのくらいがちょうどよいともいえます。その本の良いところ、悪いところを的確にまとめ、後はそれが自分に必要かどうかを短い言葉で表現しています。

　結局、多くの冊数の本をざっと見て、何冊かの本を買い、コピーを揃えてみると、その分野が非常に楽しいもので、面白そうだという印象を持つものです（逆に、そういった印象を持てなければ、受験する学部・学科を変えるべきです）。

　そして、そのような印象を抱いたならば、買った本とコピーを繰り返し読んで下さい。必要ないかもしれませんが、不思議なことに現代文の成績も上がってきたりします。逆に、ここでじっくり読む機会を逃すと、せっかく面倒な作業をしたのに、その成果が得られなくなってしまいます。**選んだものはじっくり読む**、このスタンスだけはしっかり確保して下さい。

「高速」で「味見」して、読むべき本を探す

　なぜ「高速」で読み飛ばすのか。それは、じっくり読むべき良い本が、今まさに面白くないのを我慢(がまん)して読んでいるその本のすぐ横に並んでいる可能性があるからです。簡単に言えば、**じっくり読むべき本を探すために「高速」で読む**、と考えるとよいでしょう。

　現代のような高度情報化社会では、書籍の情報だけでも信じられないほど大量に存在しています。この大量の情報を前に、多くの大人はガイドブックを作り、そのガイドブックを勧めたり、あるいはそのガイドブックの中から「読むべき本」を勧めたりします。
　しかし、この世界に「読むべき本」など存在しません。自分の中でゆっくり作り上げられていく「読むべき本」はあっていいのですが、誰かが当人の心のありかを無視して勧める本など、当たったりはずれたりするもので、実にあてにならないものなのです。勧められる本、どれもがつまらなければ当然、本嫌いにもなるでしょう。

　しかし、現実に「高速」の読み飛ばしをしていくと、これとは逆のことが起こります。「読め」と言われるとつまらなくて、かえって読む気がしなくなったりしますが、「ざっと読め」「熱心に読むな」と言われると、真剣に読まなくていいのに、つい手が止まってしまうというページが出てくるものです。本書のルールは「しっかり読まない」なので、本当は手を止めてはならないのです。1冊2分で読み飛ばしていくならば、本当は読んではならないはずです。
　それでも手は止まります。本能的に、勘に従って手が止まるならば、それは**自分の関心に沿った非常に実り豊かなページ**です。じっくり読めばさらなる収穫が望めそうです。

　結局、その**「自分の関心に沿った非常に実り豊かなページ」を後でじっくり読め**、というのがアドバイスなのです。自分の勘や感性

を信じなくて、一体この情報化社会で私たちは何を信じたらよいのでしょう。繰り返しますが、人が勧めるものは「当たり」だったり、「はずれ」だったり、あるいは、ほとんどが「はずれ」だったりするものです。ならば、本も料理と同様、味見をすればいいだけです。この意味で、図書館とは大変役に立つ有益な場といえるのです。

「自分で選ぶ」

さて、この段階で、購入した何冊かの本とたくさんのコピーが手元にあるはずです。そして、保管した新聞記事と書籍を記録したファイルリストもその傍らにあるはずです。

結構、ボリュームがありますが、その書籍、コピー、新聞記事の共通項は、**全て自分が選択したもの**だということです。小学校、中学校、高校と、この「自分で選ぶ」トレーニングや作業は非常に軽視されてきました。暗記や詰め込みは大変好まれましたが、**どうやって物事を選ぶか**ということについては、ほとんどアドバイスがなかったはずです。

きちんと選ばない。選べない。だから今でも、経済学部と経営学部の違いをはっきり認識しないまま大学に進学するような人が大量に存在したり、ぼんやりと「自分探し」にさまよい出る人が跡を絶たないのです。

だからこそ、それぞれがそれぞれの思いをこめて集めた書籍、コピー、新聞記事は、絶大な力の源となります。

指示されないと何もできない人、努力をしない人、手間を惜しむ人、自分の感性が信じられない人…こういった人たちが大量に存在するこの私たちの社会で、**自分で集めたものというのは、何かをしようとする際の大きな基地、拠点**となるものです。

この拠点を踏まえて、次は大学が発信する情報を読み解いていきます。

3．大学を知る～パンフレットからの情報収集

　自分の関心、適性を踏まえてテーマが決まったならば、次は大学の提示するものにそれを突き合わせていく作業が必要になります。

　ここまでは「自分の思い」を重視した情報の収集が主でした。しかし、やや矛盾（むじゅん）するようですが、以下の解説は、「**いかに大学に気に入られるか**」が中心的な内容になります。受験というものが競争である以上、これは仕方のないことです。しかし、競争といっても、それが暗記競争や詰め込み競争でないということがポイントです。

　そして、あえてここで、何が求められているのか、という点を一言で言うなら、「**あなたは大学に入ってどのようなことを研究したいですか**」という問いに対する**説得力のある答え**なのです。この答えを、**ゼミや専門科目の点からアプローチしていく**ことが焦点で、前までの新聞と書籍の収集はそのための準備に他なりません。自分のやりたいことが具体的になっているだけではダメで、その**やりたいことが志望する大学で実践できるのかどうか**ということを確認して、志望理由書は完成に向かいます。

　ですから逆に言うと、この項以下では、ある意味で自分の気持ちを捻（ね）じ曲げたり、大学の意向にある程度沿った表現をしなければならないケースが出てきます。すでに自分のテーマがはっきりしている人の中には、もしかするとそれが嫌で志望大学についてもう一度考え直そうとする人が出てくるかもしれません。突然の志望校変更はあまりいいことではありませんが、変えたいのならば変えるべき、というのも本書の一つの立場です。

　いずれにしろ、自分の適性や関心が見え、大学が見えてくると、さまざまなことが考えとして浮かび、消えるものです。しかし、それは今後の人生を有意義に生きていくための大きなステップなので、ぜひ向き合って深く考えるべきでしょう。

話がオーバーになりましたが、以下での作業を具体的に示すと、大学のパンフレット（受験生なら誰でも手に入れられる）や履修要項（パンフレットよりも詳しく、大学での「学び」「研究」の全体像を示したもの。手に入る場合とそうでない場合がある）の活用法について解説していきます。実際にそれらから、ゼミ一覧、講義一覧などを例として引用していきますが、志望理由書を書く際にはこの大学のパンフレット、履修要項というのが大きな意味を持つのです。

　また、次の項で取り上げる、実際に大学説明会、オープンキャンパスに足を運んだ受験生の記録を読む際にも参考にして下さい。**味気ない大学のパンフレットからどのように自分の長所、アピールポイントと結びつく要素を導き出すのかは**、ある意味で、精力的な「**取材**」にかかっていると言っても過言ではないのです。

「推薦図書」で理解を深める

　そして、「２．書籍からの情報収集」のところで述べたこととは完全に矛盾しますが、新聞、書籍の洗礼をくぐり抜けたみなさんには、ここで同時に**推薦図書**を提示します。もちろん、じっくり読むべきものではありません。自分の関心を探りながらざっと流し読みするだけでよいのですが、大学で何を学ぶのか、学問ごとの全体像が把握しやすいように説明されている解説本ですので、手に入れて読むことを強く勧めます。

　「読むべき本」などこの世に存在しない、と前で述べましたが、流し読みの列に加える程度の推薦図書として接してくれれば、と思います。

● 3−1. ゼミ一覧 ●

　志望理由書を書こうとする人は、誰であれ、自分の受験する大学のパンフレットのゼミ一覧を見て（掲載されていない場合は、大学に電話して、ゼミ一覧が載っている冊子をもらう。ないと言われれば仕方ないが、どんなゼミがあるのか、受験生には当然知る権利がある）、**一通り理解できる**ということがまず前提です。

　そして一通り理解できたら、その**ゼミのラインナップの中で自分の関心の合うものはどれなのか、頭の中でシミュレーションするべき**です。また、新たに面白そうなテーマが浮上したら、ファイルの収集を見直したり、図書館を再び訪れるなど、具体的な作業へと進むべきです。

　理解できて選べたならば、後はそれほど難しいことではありません。「なぜその大学に入りたいのですか」と問われたら、「**今の時点で私は○○ということに強い関心があり、そのためのゼミが貴校にはあるからです**」と答えればよいのです。

　当たり前のことですが、**大学に入学する意味は、具体的な専門教育を受け、何事かの研究をするため**です。それ以外に理由などあろうはずがありません。

　ただし、あまりにも具体的なテーマにこだわりすぎた志望理由書や、特定の教授名を挙げた志望理由書は別の意味で問題です。来年からこの教授は他大学に転任されるので、あなたの志望する教員の教育は受けられず、ゼミも受けられません、となれば、本来入学できる大学でも不合格にされてしまいます。この点は注意が必要です。

参考 ゼミ一覧例（立命館大学経営学部より）＆推薦図書①

※2001年パンフレットより。毎年必ず開講されているとは限りません。

安藤哲生ゼミ

アジアの経済発展と日本の役割
Search KEYWORD　日本企業に求められるアジアの一員としての役割を探る。
研究内容　アジアの国々に沢山の工場を作ることで、その国の経済発展に貢献し、また自らも多くの恩恵を得ている日本の企業。そのアジアの一員としての役割について、生産会社を中心に学習。海外での工場見学も実施する。
主な卒業研究テーマ
・ASEAN諸国の国民車計画－その内容と実情－
・文化・アジア的価値という名のスローガン
　-シンガポール国家アイデンティティの模索-
・中国巨大市場の行方－世界からの投資の動きと家電市場についての考察－

今田　治ゼミ

グローバル競争と現代企業の生産システム－自動車企業を事例として－
Search KEYWORD　世界の企業のノウハウから、日本の自動車産業の問題点を考察。
研究内容　主に自動車企業を対象に、世界の企業がどのような技術、生産方法、労働力を使い、製品を開発・生産し、またどのようなネットワークを築こうとしているのかを考慮しつつ、日本企業の生産システムの現状と問題点等を研究する。
主な卒業研究テーマ
・自動車企業における製品開発とマーケティング
・日産とルノーの提携と「世界最適調達」
・トヨタ生産システムの新たな展開
　－IT化との関連で－

千代田邦夫ゼミ

現代社会における会計の役割
Search KEYWORD　株式会社の「真実の姿」を明かす、財務諸表について学ぶ。
研究内容　誰しも株式会社の「真実の姿」や「実態」を知りたいと思うはず。それは財務諸表によって明らかにすることができる。ここでは、簿記や原価計算、経営分析など、そのために必要な理論と技術を勉強する。
主な卒業研究テーマ
・"会計ビッグバン"のわが国企業に及ぼす影響
・国際化の中での財務ディスクロージャー制度
・ソニーの財務戦略

仲田正機ゼミ

現代企業の所有・支配・管理－国際比較研究－
Search KEYWORD　世界各国で変わりつつあるガバナンスの仕組みを国際比較。
研究内容　現代は会社の仕組みが大きく変わりつつある時代であり、アメリカ、ヨーロッパ諸国、アジア諸国においても同様といえる。変化しつつあるのは、ガバナンスの仕組みである。この制度を国際比較分析していく。
主な卒業研究テーマ
・日本におけるコーポレート・ガバナンスの再構築
・多国籍企業の経営行動
・競争戦略における商品開発

服部泰彦ゼミ

日本の金融・証券市場システムの未来を考える
Search KEYWORD　金融機関の経営破綻にも対処しうる新しいシステムを探究。
研究内容　バブルが崩壊した90年代において、日本ではそれまで倒産したことがなかった多くの金融機関が経営破綻に陥った。このゼミでは、そうした事態にも対処しうる新しい金融システムのあり方を考えていく。
主な卒業研究テーマ
・金融ビッグバンと投資信託
・アジア通貨危機
・金融システムの安定とセーフティネット

原　陽一ゼミ

財務会計の今日的課題－会計の仕組みを学び、21世紀におけるその役割を考える－
Search KEYWORD　会計の問題のみならず、広く社会と人間の問題に迫る。
研究内容　会計という領域で今何が起きているのか、近年の会計制度大変革は何によってもたらされたのか、それが企業や社会のあり方にとってどんな意味をもつのかを考えた上で、日本の社会システムのあり方を見つめ直す。
主な卒業研究テーマ
・連結納税制度－導入の可否と問題点の検討－
・財政投融資改革と特殊法人改革について
　-問題点を浮き彫りにして改善策を考察する-
・環境報告書における環境会計－環境保全と環境経営が共存する対話社会をめざして－

第2章　「高速」情報収集

三代澤経人ゼミ

現代企業と会計の諸問題
－管理会計問題を中心として－
Search KEYWORD　計画のための会計方法を検討し、企業経営に不可欠な判断力を養う。
研究内容　企業の運営・経営に不可欠な利益・収益性を計算する会計(管理会計)、特に経営計画や統制のための会計の方法と考え方を検討し、会計の基礎と動向を研究。「経営することは会計すること」といわれる根拠を探る。
主な卒業研究テーマ
・自動車部品工業のコスト分析
・キャッシュフロー会計の構造
・ABC(活動基準原価計算)の構造

木下明浩ゼミ

ブランド・マーケティング
Search KEYWORD　身近なブランドをアンケートから分析。
研究内容　コカ・コーラ、ユニクロなど、身近にあるブランドはどのように創造され、管理されているのかを研究する。ブランドに関する消費者アンケートをおこない、その分析から具体的な施策を打ち出せるようにしていく。
主な卒業研究テーマ
・コンビニエンス・ストアの競争戦略
・アパレルにおけるセレクト・ショップの可能性
・都市政策－ハードからソフトへの転換

齋藤雅通ゼミ

製品戦略とマーケティング
Search KEYWORD　マーケティングを深く理解し、消費者のニーズと企業の行動を考える。
研究内容　マーケティングとは、顧客の満足をめざして製品を開発、生産、広告、流通、販売する体系的な企業活動である。消費者は何を望んでいるか、製品をどのように開発し、管理するのかを中心テーマに研究している。
主な卒業研究テーマ
・消費者行動と小売マーケティング
・アパレル業界のビジネスシステムの発展
・日本型ディスカウントストアの拡大の可能性

三浦一郎ゼミ

マーケティングとイノベーション
Search KEYWORD　企業がいかに顧客を創造したのか。成長の真の理由を解明する。
研究内容　ユニクロは、そしてスターバックス・コーヒーは、なぜ急成長しているのだろうか。企業の成長を考えるとき、その企業がどのようにして顧客を創造したのかを明らかにしなくてはならない。その時の基本的テーマが、マーケティングとイノベーションである。
主な卒業研究テーマ
(新設ゼミのため該当テーマなし)

雀部 晶ゼミ

今日の技術水準を探る
Search KEYWORD　現代社会を支える高度な技術。その未来はいかに?
研究内容　今日では、少し周囲を見渡せば「すごい」と感じられるような技術が多種多様にある。この現状がいかにして可能になったのかを考え、21世紀の技術について多角的に検討し、未来に向けて提言することをめざす。
主な卒業研究テーマ
・三木市の金物の歴史と今後の発展
・原子力からの脱却－日本の新エネルギー改変－
・循環型社会におけるもの作りのあり方

橋本輝彦ゼミ

21世紀の企業システムを探る
Search KEYWORD　社会の変化に対応し、21世紀に生き残る産業とは?
研究内容　市場需要の多様化・個性化、情報財・サービス財の拡大、情報技術の進展、グローバル化などを背景とした日米の新しい事業戦略・企業システムの変革を分析し、21世紀に成長し、生き残る企業のあり方を解明する。
主な卒業研究テーマ
・ビールメーカーの競争戦略
・デジタル放送産業の未来
・顧客主義の顧客満足経営

奥村陽一ゼミ

ビジネスモデル分析
Search KEYWORD　「ビジネスの発見と創造」をスローガンとするゼミ。
研究内容　21世紀の新しいビジネスの創造が期待されている。特にインターネットを活用したeビジネスが注目されている。アマゾンやヤフーなど、新しいビジネスの仕組みや工夫(ビジネスモデル)を学ぶことを目標とする。

主な卒業研究テーマ
・起業家ジェフ・ベゾスとアマゾン・ドットコム
・iモードを活用した観光情報システム
・インターネットによる双方向テレビゲームの開発

推薦図書① 『AERA Mook（アエラムック）』

　ゼミの説明を見ても何が何だかわからないという人は、やはり身近な「わかっていそうな大人」に聞くべきです。周囲に「わかっていそうな大人」がいない場合は、やはり誰が「わかっていそう」なのか周囲の大人に聞いて下さい。必要とする人に必ずたどり着くことができるので、手間を惜しんだり、消極的な姿勢であることは改めましょう。

　とはいえ、良いガイドブックがあるのも事実です。受験情報提供会社の冊子（どこの高校にも進路指導室にある）なども役に立つところですが、本書では『AERA Mook』を取り上げます。

　朝日新聞社から『AERA』という週刊誌が出版されていますが、その編集部から出されているのがこの『AERA Mook』です。これは単純に言って、大学の学問ジャンル別の専門家に対するインタビューと各テーマの最前線を取材した記事から成る「学問紹介本」です。かなり難しい内容が多い本ですが、志望理由書を書くためにこの本を手に取った受験生は、自分の志望する大学の教授がインタビューされていたり、自分が図書館で手に取った本が紹介されていたりと、意外な驚きと小さな感動が得られたりします。

　また、例えば経営学なら、経営学の中の細かいジャンルについての説明があったりするので、大学のゼミ一覧などを読み解くのに、大いに役立ったりするものです。もちろん、詳細に読むのは大変ですが、自分の必要箇所を拾い読みする感覚でぜひ役立ててほしい本です。どんなジャンルの本が出版されているか、巻末にまとめてありますので、そこから自分に関連するものを拾い出して、ぜひ読んで下さい。絶対に役立ちます。

3-2. 講義一覧

　履修要項とは、大学在学中にどのような講座で単位を修得すべきかを示したものです。高校と同様に、大学でも4年間で決められた単位数を取らないと卒業できませんが、高校以上に選択の幅が広いので、学生は自分の関心に従って講座を選択しなければなりません。

　と言っても、学生が好きに選べるわけではなく、「この10講座の中から必ず3つ登録せよ」であるとか、「○○学部の学生である限り、この講座は絶対登録せよ」といった指令が飛んだりします。

　同時に学生は、「金曜日の1限目に2つの講座が重なってしまったけどどっちにしよう」であるとか、「この教授の講座は難しいらしい」であるとか、情報交換をしながら講座の登録をしていきます。そこには大学生特有の微妙な駆け引きが存在しますが、受験生はそういった駆け引き全てに目をつぶり、**果たしてどういう講座が存在し、さらにどういう講座が必修になっているのか**確認してほしいのです。

　「○○学部の学生ならば絶対に登録せよ」というのが**必修科目**ですが、この必修科目は学生に有無を言わさず受講させるという点で、**その学部・学科の強いメッセージがこめられた講座**です。この講座の内容を軽んじたり、反している志望理由書は、基本的に冷たい評価を受けます。

　何も全ての講座を好きになる必要はありませんが、自分が受講すべく与えられる講座にどのようなものがあって、どれほどの量なのかは、ぜひ知っておくべきことです。学生生活の全体像は、ここでほぼわかると言っても過言ではありません。

　また、大学生の先輩や兄、姉がいる人は、この履修要項を見せて、実際にどのように講座を選択しているのか聞いてみるとよいでしょう。なかなか面白い答えが返ってくると思います。

参考 講義一覧例（昭和大学薬学部より）＆推薦図書②

※以下の表は2002年度のものです。講義名などは変更されることがあります。

薬学部履修要項　付表
2002年度（平成14年度）入学者

	授業科目	必修単位	選択単位
外国語科目	英語C	1	
	英語D	1	
	英語E	1	
	英語F	1	
基礎科目	解剖学	1	
	生理学	1	
専門教育科目	基礎化学	1	
	有機化学Ⅰ	1	
	有機化学Ⅱ	1	
	基礎分析化学	1	
	薬品分析化学Ⅰ	1	
	薬品分析化学Ⅱ	1	
	物理化学Ⅰ	1	
	物理化学Ⅱ	1	
	物理薬剤学Ⅰ	1	
	物理薬剤学Ⅱ	1	
	生薬学Ⅰ	1	
	生薬学Ⅱ	1	
	微生物学	1	
	生化学Ⅰ	1	
	生化学Ⅱ	1	
	生化学Ⅲ	1	
	生化学Ⅳ	1	
	薬理学Ⅰ	1	
	医療の担い手としてⅠ	1	
	合計	25	0
実習	薬化学実習	2	
	薬品製造化学実習	2	
	分析化学実習	2	
	物理化学実習	2	
	医療の担い手としてⅡ	1	
	合計	9	0
	総計	34	0

	授業科目	必修単位	選択単位
基礎科目	病理学	1	
専門教育科目	有機合成化学	1	
	医薬品化学	1	
	放射化学・放射保健学	1	
	生体防御学	1	
	衛生化学	1	
	環境科学	1	
	薬局方概論・食品衛生化学	1	
	公衆衛生学	1	
	機器分析化学	1	
	薬理学Ⅱ	1	
	毒性学Ⅰ	1	
	毒性学Ⅱ	1	
	ビタミン・ホルモン学	1	
	生物薬剤学Ⅰ	1	
	生物薬剤学Ⅱ	1	
	臨床薬剤学Ⅰ	1	
	臨床薬学Ⅰ	1	
	局方医薬品Ⅱ	1	
	薬学英語A		①
	薬学英語B		①
	合計	19	②
実習	生物化学実習	2	
	生理化学実習	2	
	生薬学実習	2	
	薬理学実習	2	
	微生物学実習	2	
	衛生化学実習	2	
	毒物学実習	2	
	薬剤学実習	2	
	臨床薬学系実習	2	
	合計	18	0
	総計	37	②
	臨床検査実習Ⅰ		臨0.5

※春季休暇の病院実習の単位は4年次に認定する。

授業科目		薬学科 必修単位	薬学科 選択単位	生物薬学科 必修単位	生物薬学科 選択単位
専門教育科目	薬事衛生法規	1		1	
	薬物治療学	1		1	
	局方医薬品Ⅰ	1		1	
	薬学特論演習	1		1	
	化学療法薬	1		1	
	天然物薬品化学		1		1
	漢方概論	1		1	
	蛋白構造活性相関		1		1
	バイオテクノロジー		1		1
	セルバイオロジー		1		1
	分子免疫学		1		1
	分子薬理学		1		1
	臨床薬学Ⅱ		①		①
	臨床薬剤学Ⅱ		①		①
	臨床病態生化学		①		①
	臨床毒性学		1		1
	臨床分析化学		1		1
	臨床薬学Ⅲ		1		1
	分子薬剤学		1		1
	有機反応論		1		1
	香粧品学		1		1
	合計	4	⑤	4	⑤
	臨床検査法		臨①		臨①
	医用工学概論		臨①		臨①
	臨床生理学		臨①		臨①
	臨床検査総論		臨①		臨①
実習	卒業特別実習	5		5	
	病院実習Ⅰ ☆		2		2
	病病院実習Ⅱ ☆		1		1
	調剤薬局実習☆		1		1
	合計	5		5	
	総計	9		9	
	臨床検査実習Ⅱ		臨②		臨②

- 選択の欄に表記してある臨①は、臨床検査技師国家試験受験に係わる授業科目である。
- 当該授業科目および病院実習の単位数は、卒業に必要な単位数には算入しない。
- 選択の欄に表記してある①は、選択必修科目である。
- 授業科目の欄に表記してある☆は、自由選択科目である。

推薦図書② 講談社ブルーバックス、『メタルカラーの時代』

　ここで例として取り上げた薬学部も含め、理科系志望者や、また芸術系志望者は、新聞情報、書籍情報が非常に薄く、困ってしまうものです。そこで以下に、理科系志望者と芸術系志望者への情報収集アドバイスについて、補足してみたいと思います。

〈理科系志望者〉

　講談社の新書ブルーバックスシリーズと、小学館から出ている『メタルカラーの時代』というシリーズが数少ない書籍情報の源です。理科系の場合、何学部何学科何専攻という点まで非常に細分化されていて、志望理由書はその点での細かい突っ込みを想定して書かなければなりません。ところが、理科系の学部になると途端に書籍の数が減り、新聞も該当記事が見出せません。そんなときにこの２つのシリーズは大変役に立ちます。どちらも理科系のネタ満載で、前者は理科系学問の各テーマについての入門用の解説本、後者は（多くの場合）理科系技術者のインタビューです。特に後者はお勧めで、理科系技術がどのように具体的に編み出され、使用されているのか、非常によくわかります。一般書としても大変好評なシリーズです。巻末に目次の一部を取り上げたので、関心に従って読んでほしいものです。

〈芸術系志望者〉

　まず、何と言っても実作に触れることが大切です。写真集、映画、映像、絵画、彫刻など、具体的な作品に触れていることが大前提でしょう（昔の名画を見て感想をまとめるというのも有効）。そして、それを踏まえて、次に芸術家のインタビュー記事、エッセイ、告白本などを読んでいくといいでしょう。製作秘話モノなどは、受験とは関係なく面白いものだったりします。芸術系志望者の読書はなかなか難しい一面を持ちますが、製作者という視点から情報に接していくとよいと思います。

● 3－3．学際的講座（総合科目）●

　総合科目とは、企画モノの性質を大いに持つものです。多くの人が交替で講義を受け持ち、その中には社会的に名の通った人や、その世界では知る人ぞ知る、といった人が混じっているものです。

　大学では1、2年次に一般教養科目の単位を重点的に配し、例えば法学部でも「関東ローム層の研究」や「万葉集の分析」など専門外の講座で単位を取るようになっています。まさに一般教養であり、とにかく法学部と無縁な講座ばかりで、この中には語学や体育なども入ってきます。

　これが実に味気なく、せっかく入った大学なのに、専門に関する講座は少しだけ、後は3年生になってのお楽しみ、という形が取られてきたのです。しかし、昔のように娯楽の少ない時代の大学生ならいざしらず、現代の大学生にこれを強いるとたちまち勉強する気が失せてしまいます。なぜなら、法学を学びに来たはずなのに何故か語学と体育と「万葉集の分析」の研究につき合わされるからです。

　これを是正するために何か企画モノをやろうというのがこの総合科目の主旨です。とかく大学の講義では、単位だけ取ってよしとする大学生が多いのですが、どうすればそういった学生を3年生になるまで専門教育の世界につなぎとめておけるかがテーマであるため、**講座の内容は現代的で刺激的で躍動的**だったりします。当然、どの大学でもこの講座の人気は高いものとなっています。そして、大学の講座から離れがちな1、2年生を対象とすることが多いので、内容が親切であると同時に、大学側が力を入れていることがわかります。この意味で、**総合科目は大学の「顔」**といえるのです。

　つまり、総合科目に触れるのは大学の「顔」を誉めるのと同じで、知恵を絞った講座に言及する志望理由書に対しての感想は「よく調べている」という好評価の一語です。もちろん面接で突っ込まれてもいいように表面的な愛想や取り繕いは厳禁ですが、自分の読書歴や大学見学で得た情報と連なる形で盛り込むのはよいことでしょう。

参考 》》総合科目例（成蹊大学法学部、経済学部、文学部、工学部共通開講）＆推薦図書③

※2001年履修要項より。毎年必ず開講されているとは限りません。

総合科目Ⅰ（0）	松下たゑ子 （コーディネータ）	2単位	1年次配当	前期

[授業の概要]
　わたしたちが日々、無意識に、また意識的に使っている言語にいろいろな角度から光をあてて、ことばについて考えます。
次の講師に話して頂きます。
大岡信（詩人）、谷川俊太郎（詩人）、高橋順子（詩人）、暉峻淑子（評論家）、富山妙子（美術家）、長沼節夫（通信社記者）、山家誠一（フリージャーナリスト）、宮淑子（フリージャーナリスト）、松下竹次（医師）

[授業の計画]
第 1回	4/13	松下たゑ子	「はじめに」
第 2回	4/20	大岡信	「恋文の詩と真実－岡倉天心の場合－」
第 3回	4/27	富山妙子	「絵画とことば」
第 4回	5/11	松下竹次	「How to break bad news?」
第 5回	5/18	宮淑子	「メディア言語を検証する」
第 6回	5/25	谷川俊太郎	「詩と日本語」
第 7回	6/1	長沼節夫	「ことばの独自性と共有性」
第 8回	6/8	高橋順子	「詩歌の楽しみ」
第 9回	6/15	山家誠一	「身体の力、ことばの力－身体表現ワークショップの体験から－」
第10回	6/22	松下たゑ子	「ことばの力とことばの無力」
第11回	6/29	暉峻淑子	「教室のことば」
第12回	7/5	松下たゑ子	「おわりに」

[授業の形態]
　講義。スライド、ヴィデオ等も使われる。

推薦図書③ 各種白書

　みなさんは「白書」を知っていますか。この世界はなかなかにひどいところですが、政府はそれを手をこまねいて見ているわけではなく、各省庁がそれぞれの力量でさまざまなことに取り組んでいます。

　白書とは、各省庁が出しているその報告書だと考えて下さい。特に社会科学系や工学技術系の学部では、白書が情報源として役立つのです。政府の方針、はじき出された統計などは、大学教授たちの議論の原案となったりするもので、知っておくと便利な情報が多いのです。巻末に代表的な白書のラインナップを掲載したので、ぜひ図書館で志望学部に関連するものに目を通して下さい。

大学の「素顔」を見抜く

　大学のパンフレットにしても、履修要項にしても、一昔前ならほとんどの受験生が気にかけないものでした。受験生の関心は点数を競うこと、あるいは指定校推薦枠の取り合いに勝ち抜くことでした。

　しかし、少子化という状況と、情報開示という社会的な流れが事態を一変(いっぺん)させています。推薦入試が盛(さか)んになるにつれ、そして大学が生徒集めに苦心するようになってはじめて私たちの社会は、**大学が私たちに何を提供してくれるのか**考え始めるようになりました。大卒であれば、何かしらの仕事が得られた時代ならば、それこそどの大学であっても大学は大学、という発想がありましたが、厳しい社会的状況にある現在ではそういうわけにはいきません。

　大学のパンフレットを見ても、大学の真の力はなかなか見えてこないものです。なぜなら、パンフレットならば実態以上の「化粧」をすることができるからです。

　しかし、講義のラインナップだけはなかなか「化粧」ができません。すでに私たちは、新聞を読むこと、本を読むことの大切さと向き合っています。こういったものにつき合っていくと、私たちの社会が何を問題としているのか、どのような難問を突きつけられているのか、自(おの)ずとわかってきます。今まで新聞を読まなかった人が新聞を読むようになると（本書で勧められている読み方ならば）、必ず面白いという感想を寄せます。本にしても（本書で勧められている読み方ならば）、これもやはり面白いと思うものです。

　面白いと思うものを集めているので、面白いと感じるのは当然なのですが、この**面白い、興味深いという感想を持って複数の大学のパンフレットを読み比べてみると、そこに大学側の持つ先進性や熱心さが透(す)けて見えてくる**ものです。特に、総合科目のような新鮮な講座を設けているかいないか、設けているとしたらどのようなものか、ということで如実(にょじつ)に「化粧」の下の素顔が見えたりします。

「大学選びの名人」になる

つまり、自分の中で明確な関心を持つと、「大学選びの名人」になれるということです。今の時代には今の時代特有の問題が、どのような学部・学科にでもあり、その新しい流れに対応する講義・ゼミを持たない大学のパンフレットはどこか白々しいものがあり、実際に大学見学をするとあまり魅力が伝わってこなかったりします。

逆に、パンフレット自体の面白さではなく、パンフレットに掲載されている講義・ゼミ・総合科目が面白そうな大学は、実際に見学した場合、その良さが伝わってくるものです。複数の高校生が複数の大学を一斉に見学をすると、不思議なことに良い大学として印象に残る学校は全員一致するものです。

もちろん、その根拠は志望理由書でよく取り上げられる「伝統がある」とか「図書館がすごい」とか「緑に囲まれている」とか「留学制度が充実している」とかいうことではなく、**講義が盛り上がっているから学生が活き活きとしている**、といった点によるものです。カフェテリアをいくら充実させようと（それも大切は大切ですが）、結局、**学生が大学の講義に積極的に取り組んでいる**という事実にはかないません。

ならば、次は大学説明会、オープンキャンパスです。遠隔地の大学を受ける人は参加自体が難しいものですが、地元の説明会は逃さず出席し、夏休みや祭日を使って実際に大学に訪れてみるのも大切なことです。

4．大学を知る〜取材（大学説明会、オープンキャンパス）

　新聞を読むことは継続です。図書館に行くことも継続です。大学のパンフレットを集め、履修要項を調べると、いよいよ後はそれらを突き合わせて最後の調整を行うのみです。

　一般入試の点数競争を仮に頭の運動とするならば、この志望理由書対策は頭と足の運動ということになります。図書館に行って調べ、大学に行って資料を手に入れ、そして実際に大学に行ってその様子をチェックしなければならないからです。**単に資料を見たり、本を読んでいるだけではダメです。**頭だけを使った悪い例として、次のようなケースが考えられます。

　心理学科志望の受験生がいるとしましょう。この受験生は、なぜ心理学科を志望するのか、自分でも今一つわからないまま、心理学科に強く頑固にこだわっています。ところが、一般入試の偏差値競争では、その成績は低迷しており、かつ浪人する余裕もありません。ならば、というので考えついたのが推薦入試、それも公募制推薦です。しかし、心理学科、特に併設の大学院に進学すると臨床心理士の資格取得が有利になる大学は、今やどこも大変な倍率です。10倍、15倍は当たり前で、一般入試などでは30倍というのも珍しいものではありません。

　さて、この受験生、心理学科に焦点を絞ったはいいのですが、評定平均はパッとせず、売り物になるものはどこを見渡してもありません。そこで、考えつく全ての対策をやってみようと思いました。

　新聞を読み、本を読み、小論文の対策をし、さらに事前に（ばっちり書いた）志望理由書を提出する際に、自分が書いたレポートを添付することにしました。もちろん、レポートを添付していいとも悪いとも出願書類に書いてあるわけではありません。ある意味で、「勝手レポート」（→第4章）といえるもので、自分の意欲をそこで示そうとしたのです。

先輩から勧められ、学校の先生に協力してもらって書いたレポートですが、なかなかいい仕上がりでした。テーマは社会心理学の分野で取り上げられる「集団パニックの事例研究」で、原稿用紙20枚の大作でした。

　しかし、結末から先に言うと、この努力は報われませんでした。レポートを書いていく中で、現代文の偏差値が上がるという副産物がありましたが、大学の合否の方は残念ながら…というものでした。

　何が問題だったのでしょう。レポートは夏の間、多くの時間を投入して書かれたもので、文句なく面白いものでもありました。ならば、評定が問題だったのでしょうか、面接が問題だったのでしょうか、それとも小論文でつまずいたのでしょうか。

　しかし、実はこのレポート自体に大きな欠点がありました。それは中身ではなく**テーマの選定**です。この受験生が志望した大学の心理学科は、カウンセラー養成を看板に掲げる大学でした。どういう学生がほしいかというと、第一にカウンセラー志望者なのです。
　もちろん、社会心理学の講座もあり、専門のスタッフも存在し、決して「集団パニックの事例研究」に連なることができないというわけではありません。しかし、臨床心理士の育成をメインに掲げる大学としては、レポートを読んで思うことは、心理学科は心理学科でも、うちの大学ではない、というものです。**学科は関心に合っているが、大学が違う**ということです。これは**リサーチ不足**の不幸な例ですが、では、どうしたらよいのでしょうか。

　次に示すある受験生の記録を見ながら、みなさんも考えてみて下さい。

実例⑫ 農学科のオープンキャンパスレポート

8/4 ○○大学（厚木キャンパス）のオープンキャンパスにて

三ツ境 ──→ 大和 ──→ 本厚木 ──→ （終点）○○大学前
　　　相鉄線　　　小田急　　　バス15分

駅から離れた山の上にあり、自然がいっぱいのきれいな校舎。パンフレットどおり。

推薦で入った先輩からの話。

小論文は、新聞などにある社会情勢や環境に関した問題が出る。
　　　　　　　　　　　　　　　(60分800文字)(生物の知識と国語力。newsと本。)

面接で聞かれるのは以下である。

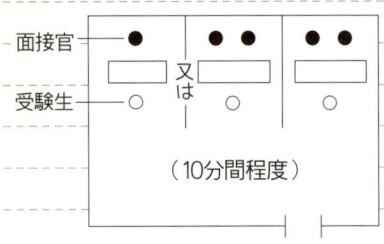

1. 調査書の内容　〈大切〉
　(先生ときちんと話し合うこと)
2. 作文の内容
3. 志望動機
　先輩によると自己アピールのために、色々なレポートを出すのはOK!!だそうです。

（面接図：面接官●●●、受験生○○○、又は、10分間程度）

面接の時に、ニュースの内容を聞かれることもあり、分からなかった場合は笑ってゴマかさず、「忘れてしまいました。大学に入ってしっかり学びたいと思います。」とはっきり言うこと！

〈次は訪ねた研究室の様子〉

「人間・植物関係学」○○講師

　ハーブを使って作った紅茶を頂き、アロマテラピーのようにいい香りと音楽の中、説明は始まった。園芸活動を通じて豊かな社会を構築するとい

うのがキャッチフレーズで、地域でどのように緑と暮らしているのかを考える。心休まる場所には約80%緑があり、怒りを感じる場所にはゴミなどがあり、緑がないのだという。

また、公園などで、国が企業に頼んで切ってもらった木々は、ただ指令通りに切っただけであり、とがって危ない。枝の先が腐った桜の木の処分など、積極的に良い環境作りのために活動している。公園がある森の木々があれているときれいに整備して、木もきちんと肥料にしているのだ。

- ここではピーマンの苗を頂いた。

「園芸バイテク学研究室」○○助教授（制御学）

大変お世話になった研究室で、2度訪れたり、先生と学生とお話をした。植物の無限の可能性を探り、その利用を図るということを中心にしている。発光ダイオード 緑 青 赤 （←波長により単色を作り出している）を植物は色素により読み取っている。（この時、私が質問して、○○助教授が教えてくださったが、専門的な言葉も交じっていて、分からないことも多かったので、大学に入って、きちんと勉強して理解できるようになりたい。）

「園芸環境システム学研究室」

人と植物、植物と植物の共存を科学するという。ハーブを使って、油をとったり、香りの成分または、香りの成分が生まれる花や葉を見ている。

「植物保護学研究室」○○講師

見学者がたった2人の中、丁寧に教わった所。（興味はなかったが、実際に実技をさせてもらって楽しかった。）「人間と植物と微生物、三者間の橋渡し」。微生物は良い面と悪い面がある。きのこ（しいたけ）の菌（きのこをすりつぶして作る）を2種類取り出したものを使って、2つの菌の間で反発しあうことで発生するホワイトラインを作ろうという実験をした。ここで楽しかったことは、扱った道具でした。伸びるテープなど…。

- ここではスイカを頂いたりとお世話になりました。

推薦入試　試験日 11/27（火）　願書 11/1〜11/9　合格発表 12/1 9:00

内容［平成11年］

　　近年、化石燃料の大量消費や人工の化学物質の使用による環境問題が注目されています。この問題の現状と原因を対応させて述べ、地球環境を保全し、安定した食料生産を持続するための、あなたの考えを述べなさい。

［平成12年］

　今日農業生産にともなう環境汚染が問題になっています。その中の化学肥料の多投入による環境への影響について説明し、それを考慮した今後の農業について、あなたの考えを述べなさい。

［平成13年］

　食物連鎖と生態系

選考のポイント！

　目的をしっかり持って学ぼうという熱意のある人に入学してもらうための制度。「○○大で何を学びたいのか」「将来どうしたいのか」「数ある大学の中からなぜ○○大を第一希望にしたのか」が具体的に固まっていること！

去年の入試結果（推薦）		A段階	B段階	志願者	受験者	合格者	合格率
農学部	農学科	65人中	114人中	181人	179人	63人	2.8
	240（定員）	21人	42人				

8/30　△△大学のオープンキャンパスへGo！

三ツ境　→　大和　→　六会大前　駅前にそびえたつ校舎
　相鉄線　　小田急江ノ電
　　　　　　　〈各停〉

　先輩から色々話を伺い、三つの学科の内、最も興味があるのが「植物資源科学科」でした。草や花について観察や実験をするなど、1年生の間は生物中心で基礎的な知識を学び、化学を使う授業は、自由選択の中にあり、必修にはありませんでした。

　他に聞いた事は、△△大学は学費が安いこと。推薦入試は、第一希望と第二希望があり、第一希望が落ちると自動的に第二希望になってしまうことです。──〈当たり前ですかね?!〉

〈研究室の見学〉

「遺伝畜種学」

　教科書にあるような内容（優性・劣性を葉を使って実験したり、DNAを取り出したり）を実験する。

「緑地・環境計画学」

　緑中心の研究。半年間を使って、公園をデザインし、公園に植える木の種類・性質なども説明しなければならないそうです。教授は、他にも競技場の芝生の研究などをしておられる（世界的に）。

「造園学」──〈生物環境工学科だった〉

　建築、設計を書き、環境（緑の多い）を重視している。人が住む家、又は、公民館などを自分達が検討したものをもとに、模型にする（三ヶ月で）。人間にも快適、なおかつ自然にもやさしい地域作り。実際にワラでできた家も作ります。

　△△大学は生産資源科学部の「植物資源科学科」又は「生物環境工学科」

考え違い、ミスマッチを防ぐ

　自分が書いた「勝手レポート」のテーマ、自分が考えた志望理由、自分が関心を持っている問題、自分が受講したいと思う講義…これらが志望する大学でどのように扱われているのか、事前に**リサーチ**する必要があります。特に、「勝手レポート」のように自ら進んで取り組むことに関しては、考え違いやミスマッチが起きないように気をつけなければなりません。

　例えば、社会心理学のレポートを書いて評価されるのか、あるいは社会心理学を学びたいという気持ちを大学が汲んでくれるのかどうか、ということです。「うちの大学で社会心理学は難しい、別の大学を探すべきだ」と言われれば、そこでテーマを練り直すなり、別の大学を探し直すなり、他の道が開けてくるものです。

　つまり、**わからないならば聞いてしまえばいい**のです。そもそも大学説明会やオープンキャンパスというのは、本来はそういう場なのです。また、遠隔地に住む受験生ならば、大学の教員に手紙を出すというのも一つの考え方です。そういった問い合わせを嫌がる大学や教員は基本的に存在しません。もし仮に、人の一生を左右するような質問を粗末に扱ったり、無視する教員がいたならば、同じ大学の、別の教員を探せばいいだけのことです。これは難しいことではありません。

大学選びを通じて培われる「力」

　ここで示した、農学系の学部・学科を目指す受験生の記録はなかなかに興味深いものがあります。何を面白いと感じ、何を面白くないと感じているか、ありありと伝わってきます。

　この受験生は新聞のファイル作りも、書籍のファイル作りも一生懸命取り組みました。評定平均がパッとしなかったので、高校3年生の1学期はがんばりましたが、ほとんど焼け石に水でした。

『AERA Mook』を読み、さまざまな書籍にあたり、自分が何をしたいのか必死に模索しました。大学説明会やオープンキャンパスに熱心に参加したのもそういった事情からでした。はじめは一つの大学に絞らず、農学系の学部を持つ大学で、通える大学、という条件のもと、公募制推薦を設けている大学を探し、その大学には全て電話をかけ、大学説明会、オープンキャンパスの日程を調べました。

学部が決定し、テーマも決定しましたが、大学を選ぶ際には結構手間取りました。正直、ランクの高いところを望んで浪人することを恐れる気持ちもあり、最後まで心は揺れ動いたようです。

結局、**自分のやりたいことに取り組めるのか**、**大学の雰囲気は良かったか**など、さまざまな点から検討して、志望校を決定しました。

結果は見事合格です。面接試験では、このレポートに登場した教授が担当していて、さらに幸運なことにこの受験生のことを覚えていてくれたそうです。印象は、「**他の受験生と違って、かなり具体的で鋭いことを聞く受験生だった**」というものだったそうです。

もちろん、単純に「意欲」だけで公募制推薦に受かるわけではありません。この記録を残した受験生には、小論文という強い武器があったことも確かです。しかし、大学選びを通じて培われた「力」は、一般入試の力と違い、**表現力**や**意欲**と直結するものなのです。このあたりのコツがわかった段階で、志望理由書の「上手」「下手」「面白い」「面白くない」が分かれてくるように思います。

新聞→書籍→大学の提示する情報→大学見学、というプロセスをたどって志望理由書にどのようなことを書くべきか見てきましたが、これらを踏まえて再び、志望理由書に戻ってみましょう。

5．再び、志望理由書へ

さて、以下では再び志望理由書を書くコツを示してみます。

「なぜその大学なのか」
「なぜその学部・学科なのか」
「卒業後の将来像はどういったものか」

しかし、これはあくまで骨格で、その骨格を支えるのが**講義・ゼミ**になるというわけです。
そして、ここまでの内容を踏まえると、これらの質問に対する答えは以下のようになります。

「なぜこの大学なのですか？」
「私が取り組みたいテーマは○○で、その○○に関する講義・ゼミが貴学には豊富にあるからです」

「なぜこの学部・学科なのですか？」
「私が○○ということに関心を持ったのは中学のときのことで、きっかけは△△ということです。しかし、高校2年生になって真剣に進路を考え始めたとき、改めて○○という分野が面白いと思うようになり、たくさんの本を読み、その後、具体的なテーマとして○○ということに強い関心を抱くようになったからです」

これに、**将来像と大学見学で見知った内容を自分の関心に合わせて入れていくと、非常に読みごたえのある志望理由書になります。**
ただし、将来像については、学部・学科によっては微妙です。経営学部ならば、「タイで食料輸入に関わりたい」とか「銀行員になりたい」とか「金融関係に就職したい」などとパッと出てきますが、文学部の国文学科や哲学科、歴史学科を志望する場合は大変です。

なぜなら、各学科に対応する職業のバリエーションが限られているだけでなく、そもそも就職など重視しない人がこれらの学科には多いからです。

もちろん、これは悪いこととはいえません。必ず就職しなければならないものでもありませんし、実用的な学問ではない歴史のことを研究したいと考える人が、あまり就職のことについて気にかけていないのはむしろ自然なことだからです。

ならば、そういった人たちは無理に将来像を確定せず、「**どんな仕事をしても一生文学と関わっていきたい**」と曖昧に濁すか、あるいは思いきって、「**大学院に進みたい**」と言ってみるのも一つの手です。

理科系志望者などは「卒業後どうしますか？」と問われたら、「大学院に進学します」と答えるのが自然で、志望理由書でも（抵抗がなければ）そのようにはっきり書くべきです。文学部は理科系と最も遠いところにあると考えられがちな学部ですが、大学院進学への親近感という意味では、とてもよく似た状況にあるといえます。

いずれにしろ、ここまでの内容を踏まえて、以下の志望理由書の数々を読んで下さい。そして、さまざまな感想を抱きながら、またコメントを参考にしながら、それぞれの志望理由書を書くための実りあるヒントを汲み取って下さい。

実例⓭ 英文学科の志望理由書

志望学科を志望する理由、入学後にやってみたいことなどを具体的に述べて下さい。

　私の夢はフライト・アテンダントになる事です。その為には英米語はもちろんのこと、イギリスやアメリカの文学をはじめとする政治・社会・宗教思想などの社会情勢を学ぶ必要があると考えています。また、これらに対する異文化接触のさまざまな問題に対しての異文化理解能力を身につけておくことも重要であると思います。これらを学ぶ際に、貴学の多彩な講座に魅かれました。特に、政治・社会・宗教を知る際にはそれぞれの文化の中に生きる人間の本質を理解することが根本的に必要であり、そのためには文学を学ぶことが最も近道であると思います。それ故、比較文学・文化研究入門講座は私にとって一番受講してみたい講義であります。また、外国語教育に対しても充実しており、英語インテンシブ・コースは異文化間の相互理解にとって重要かつ、不自由なくコミュニケーションをする為には欠かせないものだと思っています。さらに、このような大学の講義と共に入学後には英検・TOEFLなどにも積極的に取り組んでいきたいと考えています。目的意識を高め、自分なりの道を切り開き、充実した大学生活を送るのが理想です。
　以上のように、私は夢の実現への第一歩として貴学への入学を希望します。

あなたが持っている資格や特技も含めて、あなた自身をPRして下さい。

　私は学校行事を通して他者とのコミュニケーションをとる際、相互理解というものが重要かつ、不可欠であるという事を深く学んできました。これは世界視野で考えた場面も同様であると思いますが、単に相互理解と言っても異文化があるため、容易ではないとも考えます。しかし、一

方で伝統に根付いた礼法には異文化の人であっても心に響く深い意味があると思います。私の在籍している学校では礼法と華道が特設授業として設置されており、礼儀作法と華に対する感性を6年間学んできました。

まだ学ぶべきものはたくさんあると思いますが、これらが貴学で学ぶ際、または社会に出た際に何らかの形で生きてくるのではないかと確信しています。

Comment 準備が足りないと抽象的になってしまう

突然、公募制推薦の受験を思い立った受験生の志望理由書です。日本語や書き方に問題はないのですが、特に2つめの問いに対する答えのトーンが非常に曖昧な点が気になります。また、はじめの問いに対する答えも具体的になりたい職業が明示されている点は評価できますが、大学の講義・ゼミに関しては記述が表面的で、準備不足だというのが伝わってしまいそうな文章です。こうなると結局、面接の際に突っ込まれて終わり、という悲惨(ひさん)な結果になりがちです。

指定校推薦ならいざしらず、きちんと倍率が出る大学で、このような具体性を欠いた志望理由書を書いてしまうと、望みはなかなか叶(かな)えられがたいであろう、というのが印象です。

ここに注目

❶職業像だけでは弱い。

❷講座名を挙げて示すと、その関心について面接で問われる。（面接がある場合は）面接との連動に特に注意。

❸特技については、もし何もなければ、事前に「勝手レポート」（→第4章）などを用意して同封してしまう。

❹評定もない、特技もない、事前の準備の時間もない、という場合は、受験するかどうかということ自体を慎重に判断する。別の可能性を失ってはつらい。

実例⑭ 生活科学科 管理栄養士専攻 の志望理由書

あなたの志望動機を下記の①、②を含んで、具体的に記入して下さい。
①本学及びその学科・専攻を志望するきっかけとなったことや、動機やその理由。
②入学後は何を学びたいのか、学んだことをどう生かしていきたいのか。

　私は進路で迷っていた時、肥満の人が健康の為に食生活を変えるという本、『正しい「食事」でスリムになった』を読み食物学について興味を持ちました。食物学は人間の生活と健康になくてはならない分野だと思います。現代の人々は、ハンバーガーなどのファーストフード食品の偏りが激しく、ただ安いだけの食事に向かう傾向があると思います。それらのファーストフード食が原因で生活習慣病者や肥満者も増え、現代人の健康を脅かしている問題となっています。私はそれらを治療をするのは薬だけでなく、食べ物によっても病気の進行を遅らせたり、治療することができるのだと知りました。薬の副作用に恐怖心を持っている人も多く、これからは食事を見直し病気を治療しなければならないと思います。さらに高齢化社会によって高齢者が増えています。高齢者は生理的機能が低下しているので高齢者には高齢者用のやわらかく、食べやすい食事が必要だと思いました。

　この様な様々な問題を解決するために栄養学をもっと学びたいと思っています。その点、貴学では実験と実習が充実しており、さらに他の学科の講座を学ぶ事もでき、幅広く視野を広げる事が出来ると思い志望しました。大学進学後、私は食べ物によって健康の保持や病気の治療が出来るように臨床栄養学の講座や生化学及び実験の講座に特に力を入れて学び、高校生活ではできなかったボランティアにも参加してみたいと思います。そして卒業後、貴学で学んだ事を活かし病院や介護施設で栄養士として働きたいと思っています。その中で現代の食生活の問題につながる健康に良い、そして栄養の良い食事への改善をしていきたいと思います。

Comment 自分の関心をストレートにぶつける

　完成形ですが、決して上手な文章とはいえません。しかし、気持ちがよく伝わってくる文章です。特に前半では、自分が関心を持って調べたことが自然な形で述べられ、かつ複数の要素が切れることなくつながっています。日本語としてここは直したいという部分もありますが、無理に手を入れて混乱させてしまうよりは内容の良さを残した方がよいという典型的な例です。

　また、気持ちが伝わるというのは、ある種の問題意識の有無ともいえます。実例⑬が弱く、この実例⑭が比較的評価されるだろうことは、実例⑭が社会的な問題と社会貢献の点から語っているという点を根拠としています。志望理由の究極は、社会にどのように貢献するか、あるいは自分がどのような内面的な充足を得られるか、という点にあります。ここは差がつくところなので、ぜひ注目したいところです。

ここに注目
- ❶社会的な問題を視野に入れて述べている点。
- ❷少々の日本語の手直しより、わかりやすさ、素直さを重視する。
- ❸社会的問題→学びたいこと→将来像、という流れは、非常に評価の高い志望理由書の典型パターンである。

実例⑮ 教育学部 初等教育〈幼稚園〉の志望理由書

　現代は、親依存症と言われる自立できない保護者が子育てする時代である。このような時代に保護者の自立、子どもの自立を訴えることのできる幼児教育の意味は重い。

　このような状況を踏まえ、広く深く幼児教育について学び、将来は保育者として実践でその力を発揮したいと思っている。特に子どもたちの成長や発達にむけて適切な関わりを持つとき、そのベースになるという心理学的知見についてまず深く学びたい。

　その点で貴校の「幼児心理学基礎演習」および「幼児心理学演習」を私は特に受講したいと思っている。

　また、この心理学的知見を踏まえて、少子高齢化、女性の社会進出、保護者の問題行動などが起きている現代において、貴校の養成目的にあるような「有能で実戦力のある幼稚園教員」は必ず必要となる。この点を踏まえ、広い視野で保育を受けとめることのできる保育者になるために貴校にぜひ入学したいと思っている。

Comment 建学の理念、大学の理念もさりげなく入れてみる

　この志望理由書の背景には、与えられたスペースが狭く、十分に思ったことを表現できない苛立ちがあります。

　しかし、この志望理由書も、社会問題→学びたいこと→将来像、という流れで書かれており、内容的には十分だといえます。特に、狭いスペースの中で「親依存症」というキャッチーなフレーズを入れて（書き手は決してそれを計算して書いたわけではない）、社会的関心に対する目配せをしているところはなかなか上手いといえます。

ここに注目

❶社会的関心（社会批判）→学びたいこと→将来像、のパターン。

❷大学の理念、目的をフレーズとして最後に持ってくるのは工夫の一つ。ただし、誰もがやることなので、建学の理念や設立者の意向を調べて書いたとしても、高い評価につながるわけではない。

実例⓰ 心理学科の志望理由書

下記の○○大学が求める【3つの意欲】の中から1つ以上選んで○印を付け、大学または志望学科・専攻で学びたいことと関連づけて自己アピールして下さい。(800字程度)

① 明確な目的意識をもって自らの人生を切り拓くために、大学で積極的に学ぼうとする意欲

② 「人間探求」というテーマに興味と関心を持ち、豊かな人間性と社会性をもった人間になろうとする意欲

(3) 自らの考えを他者に対して明確に表現できる人間になるために、さまざまなコミュニケーション能力を身につけようとする意欲

　私が心理学を学びたいと思い始めたのは、中学二年生の時でした。ある歌を通して「es」という言葉を知り、そして精神分析という言葉を知りました。そこで、人間の精神を分析する心理学という学問を知りました。当時から、人前へ出ると、極端にあがってしまったり、赤面してしまったりすることが、私の悩みの種だったのですが、そのようなことが背景にあって、心理学という学問に興味を持ち、いろいろと調べてみました。すると、心理学という学問は、社会心理学、教育心理学など、様々な分野に及んでいるのだとわかり、私はその中でも特に臨床心理学、つまりカウンセリングに興味を持ちました。

　私はその当時、カウンセリングとは、相手の悩みを聞き、そしてその悩みに対して、こうすれば良い、ああすれば良いとアドバイスをあげることなのだと思いましたが、河合隼雄さんが書いた「閉ざされた心との対話」を読むことで、相談に来る人と、どうつき合っていくか、どのようにして心の動きをつかむかという、カウンセリングの複雑さ、難しさを知りました。特に、悩みが解消され、元の生活に戻って行くとき、つまり新しいものが生まれるとき、何か大きな変化が起こるということを知り、驚きました。例えば、今まで親と話をしなかった子が、急に話をしようとするようになったということです。私は、この本を通じて、臨

床心理学に対する漠然としたイメージが消え、奥深い学問なのだとわかり、そして私の中で、臨床心理学を学びたいという気持ちが強くなっていきました。

　私は学びたいことに一生懸命になれる自信があります。また、一つのことに積極的に挑戦してゆこうとする気持ちもあります。心理学、特に臨床心理学を学び、できれば大学院まで進学して、ゆくゆくは臨床心理士を目指し、そして精神病の患者さんのケアをする病院カウンセラーになりたいと思っています。そのためにも、多くの人に貢献できるような専門知識を身につけたいと考えています。

Comment 自分の弱点を示す

　高い倍率を誇る心理学科志望者の実例です。後に合格することになるこの受験生の志望理由書を読み、どのように感じたでしょうか。

　ここには、教科書通りではない、まさに「自分の内面」が映し出されていると言っても過言ではありません。心理学科志望者は、他人の心理を気にかけますが、もしかするとそれは自分の心の中にある弱さや歪みから生じているのかもしれません。少なくとも、この志望理由書はその点を非常に率直に語っています。社会批判の代わりに、自分の内面的な弱さをさらけ出している点に大変強い共感を覚えます。このような実例の前では、マニュアルを参考にして書いた志望理由書はやはりかすんでしまうもので、それは大学の教員も同様の感想を持つはずです。

ここに注目

❶心理学科志望だからこそ自分の内面をさらけ出している。

❷専門家の名前を出しながら一般的な心理学、カウンセリングのイメージの誤解を指摘し、自分の調べたことを提示している。

❸やや長めの制限字数の中で、自分の内面的弱さ→一般的な誤解の提示→学びたいこと→将来像、という流れで面白さを保ったまま上手く書いている。

実例⓱ 人間福祉学科の志望理由書

　私は将来、社会福祉士になりたいと思っています。高齢化社会と呼ばれる今日、あちらこちらで「バリアフリー」や「ノーマライゼーション」といった言葉を見る機会が増えてきました。この言葉について調べてみようと思い、書籍等に当たったところ、どちらも高齢者や障害者にとって心身共に暮らしやすい環境づくりをしようという意味を持つことが分かりました。もともと福祉に興味はありましたが、地域の福祉協議会主催で行なわれた夏の体験ボランティアで、老人ホームのボランティアを経験して福祉に深く関心を持つようになり、専門的に学んでみたいと思いました。新聞や書籍を通じて、今の福祉の現状や福祉とは何なのかを調べていく中で、担任の先生のすすめ、卒業生が多く貴校に入学しているのを知ったこと、また大学案内などを通じて、貴校と出会うことが出来ました。貴校のカリキュラムの中には、様々な福祉施設での現場実習が組まれ、自分とは異なる立場にいる方々と直に触れ合う機会が豊富であると思います。また、従来の老人福祉・児童福祉という枠組みの社会福祉のみならず、社会的弱者に対するケアといった、現代社会に不可欠な分野に目を向けている点に深く共感しました。このようないくつかの理由から、私は貴校への入学を強く希望するようになりました。

　説明会で頂いた履修要項の中に特に気をひかれたものがあり、私が貴校に入学してから学びたいと思っているものがあります。2・3年次に履修することの出来る「障害児の心理」、「障害児臨床相談論」であり、特に力を入れたいと思っています。また、将来的には社会福祉士の国家資格を取得したいと考えています。というのも、福祉関連の職業に就きたいと思っているからです。

　夢を叶えるのは決して簡単なことではなく、自分が思っている以上の努力が必要だと思っています。貴校で多くのことを学び、精一杯頑張りたいと思います。

Comment 批判精神がないと漠然としたものになってしまう

　ここから一つの学部・学科を定点観測してみたいと思います。対象は、福祉系の学部・学科です。その一番目となるこの実例⑰は、全てにおいてさらっと書いている印象を持ちます。どこが悪いということはありませんが、実例⑬と同様、どこか漠然としている、というのが欠点といえば欠点です。しかし、後の実例⑱⑲と比べると、その物足りなさははっきりします。

　例えば、経営学部志望ならば、今の日本企業のあり方に鋭い批判を加えるべきです。理科系志望ならば、現代の日本の技術開発の遅れについて嘆くことは、むしろ大切なことです。生意気に見えないように注意を払いつつも、社会批判を示すことは、面白い志望理由書を書く上で非常に大切なことなのです。この実例⑰は、その点ではっきり物足りないものを感じます。

> **ここに注目**
> 将来像、現代の福祉の課題、ボランティア、カリキュラム、履修要項、と全てが揃っている。しかし、何か物足りない。

実例⑱ 人間福祉学科の志望理由書

介護保険制度について、あなたの考えをふまえて、本学で何を学び、卒業後の進路をどの様に考えているか述べなさい。（1200字以内）

　私は将来、特別養護老人ホームで働きたいと考えている。
　私には幼い頃から祖父母が身近にいて、共に喜びあう生活があった。一方、一緒に生活する中で同じ事を何度も繰り返して言う様になったり、心筋梗塞による発作の悪化等、老化による心身の障害が進んで行くのを目の当りにし、またそれらの障害を受け止めて生活する高齢者の苦しさを気付かされる日々でもあった。祖父母と一緒に暮らす事が出来なくなった時、私が思った事は祖父母の心身の衰えと、死と隣り合わせの生活を私が支えてあげられないという事と残り少ない貴重な人生を豊かにする手助け、そして喜びを共有することが出来ない事であった。この様な事をきっかけに、高齢者が自分らしく過ごす事に関わる仕事をしたいと考えるようになった。私は介護という道で輝いて行きたいと感じている。
　特別養護老人ホームにボランティアとして働いた際、自分より何十年も生きてきた高齢者が施設内で失禁してしまった場面に出会った。身辺自立が出来なくなっているその状況に強く衝撃を受けた。その時私は、人の持っている障害を受けとめ手助けしなくてはならない事を理解できずに、相手の自尊心を傷つけてしまうのではないかと考え、その場で手を差しのべる事が出来なかった。また、食事介助を通して、相手の抱えている障害を正確に理解する事が大切と感じた。更に言語障害のため相手の話している内容がわからず、コミュニケーションを成立させられない辛さをも味わった。
　私が働きたいと考えている特別養護老人ホームは現在、自立・要支援・要介護とさまざまな障害を持った高齢者が入所しているが、五年後には要介護者だけが入所出来る施設になる。したがって私が経験した介助内容以上に介護者は身体的にも精神的にも専門的な能力が求められるだろうと思う。だから私は、介護者がどんなに厳しい状況におかれたとしても、介護される側に立てる介護者になるために貴校で学びたい。

> 介護保険制度は高齢者介護を個人的な事から社会全体の連帯によって支える仕組みとして実施されたが、一方で個人の経済的な状況や介護施設の不足によって介護サービスが十分に利用出来ない現状がある。高齢者になって障害を抱えても以前と同じ様にその人らしく、人間らしく、まわりの人々と共に生きられる高齢社会を実現するためには、どの様な事が必要なのかを貴校で学びたい。また私が先に述べた「介護される側に立てる介護者」になるためには、どうしてもその学びが必要であると考えている。

Comment つらいこと、嫌だったことを書くことは大切

　何かを志望するとき、その明るい面だけにスポットを当てて「がんばります」というのでは、どうしても「甘い」という印象を与えてしまいます。実例⑰は、ある意味でその典型例でした。どこが悪いというのではなく、大切な何かが欠けていたということです。

　ならば、この実例⑱はどうでしょう。ボランティア体験の負の側面、「失禁」の例、「コミュニケーションがとれなかった失敗」の例が率直に書かれています。その面白さもさることながら、同時に、福祉の現場が甘くないということを書き手が認識していることが十分に伝わってきます。福祉の現場は、決して「楽園」であるはずがありません。そして、だからこそ逆に「本気」だという気持ちが伝わるのです。あえてマイナス情報に触れ、それでもなお目指したいと書く姿勢は、非常に高い評価につながります。多くの受験生は、自分の志望する場所が「楽園」のように書きがちですが、現場を知る者であればあるほど、そのような甘い幻想は持たないものです。

ここに注目
❶自分の目指す世界の嫌な面もはっきり示す。
❷自分の限界を感じた体験も率直に示す。
❸それでも目指したいという気持ちを明言する。

実例⑲ 福祉援助学科の志望理由書

　私は小学3年生の時から、知的障害児・者に関わって生きていきたい、と思っていました。その理由は、私には3つ上の知的障害と自閉症を持つ兄がおり、その兄の通学していた小学校の教師によって体罰が日常的に行なわれていて、実際に兄も体罰を受けていたことが判明したことがきっかけです。その時はただただ怒りを感じ、同時に自分の無力さを痛感し、自分に何か出来ないものか、ともどかしい気持ちで一杯でした。

　貴学を中学3年生の時に知り、そして兄が通っている授産所の職員に貴学の卒業生が何人もおり、今年で兄は通所して3年目ですが、3年間全て貴学の卒業生が直接の兄の指導員をしています。指導員の方の兄や他の利用者に対する対応の仕方は優しさにあふれているのはもちろん、その場その場の的確な判断、基本的な医学的な知識等という、いわゆる冷たい頭、というものも兼ねそろえているのを見て、いつしか憧れを抱いていました。

　しかし、その気持ちは今ではもっと具体的となり、大学3年生になったら是非、"高齢者・障害者の余暇生活とレクリエーション"のゼミを取りたいと考える様になりました。その理由は、滋賀県で行なわれた障害児の生活実態調査や、小平市の夕やけ子どもクラブの障害児をもつ母親を対象としたアンケート調査など、障害児の余暇生活の貧しい状態が浮き彫りとなったデータを見たからです。つまり、ほとんどの障害児は学校と家との往復のみで家族や教師以外の人（主に友人等）との交流がほとんどないのです。私達は当たり前に余暇生活を何かしら有意義に過ごしていますが、障害児にはそれがあるとは言えません。確かに障害児の中には他者とのコミュニケーションがとりにくい子供もいます。この様な状況を少しでも改善する助けになるのがレクリエーションではないかと思います。今年の夏に小金井おもちゃライブラリーという所に行き、音楽専門のスタッフによる演奏によってボランティアと一緒に体を動かしたり、歌ったりする障害児の様子を見てそれ

を確信しました。
　大学卒業後は、社会福祉士の資格を取得し、レクリエーションの知識を生かして、辛いことや壁にぶつかることもあると思いますが、様々な人々と協力し、福祉作業所等で、少しでも障害者・児に生きている喜びや生きがいを見い出す助けとなる様働くことが出来れば、と思います。

Comment　悲しみや怒りは志望動機の最大の原動力になる

　この実例⑲は、作りごとでは書けない内容になっています。特に、冒頭の内容のような記述に触れると、大学の合否ばかりにこだわることが、とても軽いことのように思えてしまいます（受かって当然、という印象を持つ）。

　やはり、「極端な体験」は評価の対象となります。阪神・淡路大震災後、援助を受けた多くの高校生たちが社会貢献を目指して大学に進学したように、「極端な（悲惨な）体験」は進学の大きなステップとなります。大学入学後、そういった人たちは、偏差値の序列を超え、高い確率で熱心に学ぶはずです。この実例⑲には多くの言葉を費やす必要はありません。上手、下手で論じるものではない、ということがわかります。

　ちなみに、この志望理由書の書き手は、7倍の倍率を乗り越えて志望大学に合格しました。なるほど、当然のことだといえます。

ここに注目

❶実例⑰⑱⑲の違いに注目する。

❷具体的な生活の中で、インパクトの強い志望理由が得られたならば、それに勝るものはない。

❸どのようなテーマを持って専門の世界に関わろうとしているか、非常に明確になっている。

実例⓴ 商学部会計学科の志望理由書

○○大学商学部を志望する理由について、大学卒業後の進路や夢も含めながらまず100字以内で要約し、1200字以内で詳しく記述して下さい。

　私は経済活動で大切な役割を果たす公認会計士になりたいと考えています。そして実学の伝統により実践的な知識を身につけられる一方で、同じ志の仲間が集うことで可能な切磋琢磨の場がある貴校を志望します。
（以上、要約）

　私は将来、公認会計士になりたいと考えています。会計学は企業や官庁の運営において大切な役割を果たすと同時に、公認会計士は日本経済の国際化や情報化に伴い、ますます重要な役割を担うと思います。私は、企業の活動を数値情報として把握する「会計学」という分野に身を置き、活躍することで、社会に貢献したいと考えています。

　また、公認会計士になるためにはいくつもの克服すべき課題があり、まずは会計学のベースである簿記をしっかりと身につける必要があります。さらに商法等の知識や、最近では金融問題や国際的な経営事情から様々な分野についての知識も必要となっています。

　公認会計士の試験は外交官試験や司法試験とともに、国家試験の中でも難しいものの一つとされています。それ故、公認会計士になることは決してたやすいものではありません。しかし、将来に向けて自分の身につけておくべき必須の能力です。在学中の資格取得は、ぜひともやり遂げようと考えています。自分で学習することが基本ではありますが、さらに「同じ志を持ったハイレベルな仲間が集う場」は、精神力を高める環境として何よりのものと思います。

　会計学科を設置している大学が少ないなか、私は実績のある会計学科を設置している貴校に出会うことが出来ました。志望方向に合致し、また、実学の伝統があるので、将来の進路に対して実践的な知識の習得が可能であると思います。課外学習を効果的に行える貴校の経理研究所も大変魅力を感じています。そして「簿記会計講座」や「公認会計士講座」において資格取得志向者と交わることで切磋琢磨をしたいと思います。

ゼミに関しては、「管理会計論の基礎的研究－会計情報の経営戦略・経営管理的利用」に所属し、「事後報告会計」とは違った力を身につけたいと思っています。全国に先駆けたプレ-スチューデント・プログラムのユニークな制度についても魅力を感じています。新しい角度からの大学学習生活の基礎づくりに期待がふくらみます。私はそれらを最大限活用し、公認会計士を目指して行きたいと思っています。

会計士という職業の夢、会計士最難関の二次試験合格という夢は、すでに抱いています。そして、この夢を実際のものとするための第一歩に、私は貴校を志望します。

Comment 何を書くべきかは学部・学科によって変化する

一転して今度は、指定校推薦の商学部志望者の志望理由書を見てみましょう。商学部の中でもなかなか珍しい「会計学科」を持つ大学に向けて書かれたものです。

福祉とは違って、商・経営学の世界は狙いが非常にシンプルです。例えば、わざわざ「会計学科」を設けているのは、会計学の専門家を養成したいからであり、端的に言って、公認会計士の合格率を上げたいという欲求の現れに他なりません。

こういった世界では、もちろん社会批判を織り込むことも重要でしょうが、ビジネスの世界に向かう、資格を取る、というシンプルな方向でも志望理由書は十分に成り立ちます。何を書くべきかが、学部・学科によって変化する典型的な例だともいえます。

ここに注目

❶資格への欲求をストレートに表現する。

❷志望理由書の「定番」に忠実に、将来像→講座→伝統→施設、という順に書いている。

❸指定校推薦ならば、このような無難なものでもよい。

実例㉑ 看護学科の志望理由書

　看護の仕事に就きたいと思った時、一番看護が必要とされている所へ行きたいと思いました。

　春に「いのちの博覧会」を見に行き、医療に関する様々なものに触れることが出来ました。その中で興味を持ったのは、青年海外協力隊やいろいろな分野の専門家を海外に派遣しているJICAです。発展途上国では、医療衛生が悪く、満足な治療を受けられない人達が沢山います。日本では、あまり考えられませんが、妊娠し、中絶の手術で命を落とす人達がいるのです。そういう人達に対して自分に出来ることを考えた時に、看護婦や助産婦の資格を持っていたら、役に立てるのではないかと思ったのです。

　日本赤十字社では積極的にこのことをやっています。最近ではトルコの地震です。大学や短大の説明会でも、こういう仕事をしたいのなら、是非本校に、という話を聞いて、貴校を志望しました。貴校なら、海外研修があるし、自分のやりたいことや課題が沢山見つけられるように思います。

　どの専門家としていくにしても発展途上国に行くのは危険を覚悟で行かなければいけません。キルギスでは、今も日本人が人質に捕られています。そのニュースを聞いた時は、怖じ気づきましたが、誰かが行かなければ事態は良くなりません。治安は悪いし、医療面でも日本に比べるとはるかに遅れています。でも、だからこそ私達が行って、少しでも事態をよくすることが必要なのだと思います。

Comment 「なぜその大学なのか」を強くアピールする

　この志望理由書は、字数が短く、コンパクトに自分の考えをまとめなければならないという制約がありました。600字ぐらいだと、かえってもっと字数がほしいと思えるほどでなければなりません。

　また、看護系の入試は、公募制であっても数学や英語の試験がついてきて、そちらの方が重視されるケースが多いものです。志望理由書や面接は上手く無難にやって当たり前で、落ちる理由にはなっても合格する理由にはなりがたいものです。

　しかし、「なぜその大学なのか」という点が、この実例㉑ほど書けていれば、なかなかの高評価につながると思います。社会的な期待が高まっている分野に対応する大学、学部では、その点を強くアピールすることが重要です。また、そういう大学を探し出してきた自分のプロセスも率直に語るべきでしょう。

　発展途上国と看護の結びつきはなかなか新鮮で、それがまた、その大学の志望者らしいというところがポイントとなっているのです。

> ここに注目
> ❶自分の将来像と大学の特性が密接につながっている点が高評価。
> ❷社会的に強く要求されている分野に進む際には綿密なリサーチが必要。単なる思いつきなのか、十分に調べたことなのか、その違いがはっきり出る志望理由書にしなければならない。

実例㉒ 工学部建設工学課程の志望理由書

本学を志望する理由

　私は、高校の課題研究でコンクリートに関する研究をしていますが、その中でたくさんの専門書を読み、鉄筋コンクリート構造物の塩害について関心を持ちました。
　貴学ではその研究をしていて、さらにコンクリート工学の講座が充実しています。また、先輩は貴学をとても誉めていましたし、実際に、高校2年生の夏休みと3年生の時に貴学のオープンキャンパスに参加して、学習するための環境が非常によいことを知りました。また、学部・大学院の一貫教育や長期の実務訓練という新しい試みがこれからの社会のあり方を先取りしているとも感じました。故に私は貴学で学ぶことを強く志望します。

志望課程の選定理由

　平成11年版建設白書では、多くのページを割いて、環境、特に経済成長時代から現代までのインフラストラクチャーの整備の問題点について言及しています。都市の治水安全度向上を図るため洪水処理を中心とした河川整備（三面張りのコンクリート護岸やコンクリートの堤防）で都市内の貴重な空間を都市住民の意識から遠ざけてしまったが、これからは水辺環境を再生させたりバリアフリーなど高齢者の配慮を考え、改良するということをしなければなりません。
　そのような人間社会と自然とが調和・整合することのできる総合的な技術の開発・改良をしようとする貴学部の姿勢は、私の姿勢と合致するものです。それ故に、私は貴学部を志望しました。

将来の進路

　もし貴学に入学を許されたならば、一般教養科目で広い知識を身につけることと同様に、コンクリート工学を中心に専門科目を学びたいと思っています。大学院では高校・学部で学んだ専門知識を活かして、さらに専門性を深めたいと思っています。さらに学部・大学院の一貫教育で得た深い専門知識を使い、コンクリートに関する仕事に携わりたいと思います。

自分が人よりはこのことだけは優れていると思うこと

- コンクリートの不法加水について、コンクリート落下事件について（高校の課題研究）
- 資格を19個持っていること
- 全商英検2級
- 読書（校内読書感想文：最優秀賞3回、優秀賞1回）
- 卓球
- 学ぶ意欲、何事もとことん調べること
- 人とのコミュニケーション、協調性
- ワープロ、ポケコンの早打ち（岐阜県計算技術競技大会10位）
- 人を統率すること（1年、2年、3年後期：級長、3年前期：生徒会役員（図書参事））

Comment 高度なマニアぶりが十分に表現されている

　理科系らしい、非常に高度なマニアぶりが十分に表現された文章といえます。この世界にこれだけコンクリートについて調べ、考え、表現できる高校生がいること自体、信じがたいものだともいえますが、それは審査する大学の教員にしても同様です。

　これは国立大学に提出する志望理由書で、その倍率はかなり高く、競争は大変なものでした。しかし、ふたを開けてみると、この実例㉒の書き手である受験生は、特に障害もなく、楽々と受かっていきました。コンクリートについて学ぶ学部・学科で、これほどコンクリートに打ち込んできた受験生を落としては、その大学の見識自体に関わる問題です。

　どんな高校生でもここまでやっていれば何の文句もなく合格です。そして、近年の総合学習の定着は（一方で「学力低下」と批判されますが）、このような受験生を着々と増やしています。倍率の高い人気の大学、学部の試験会場には、このようなマニア度の非常に高い受験生が存在していることを意識しておいて下さい（もちろん、受験生の全員が全員、このように高度なマニアであるわけではないということは言うまでもありません）。

ここに注目
❶高校での課題研究は生きる。
❷『建設白書』の引用と自分の志望意欲が調和している。
❸多くの質問において、あくまでコンクリートで押している。

強い「思い」こそが自己表現の源

　第1章からここまで、多くの志望理由書を見てきました。実際、「上手」「下手」というのは非常にはっきりわかるものだ、という印象を持ってくれたならば、本書の試みはまず成功です。

　多くの受験生は、まず日本語のミスを気にします。しかし、日本語として問題がある部分は、身近な大人に添削してもらって直してしまえば終わりです。それ以上の細かい日本語の整合は、あまり気にする必要はないといえます。

　また、多くの受験生は何を書いていいかわからないと言いますが、何を書くべきかは、本書を通読してしまえば必ずわかります。簡単にまとめれば、

「なぜその大学なのか」
「なぜその学部・学科なのか」
「卒業後の将来像はどういったものか」

これらに加えて、

「社会批判」
「専門領域において問題となっていること」
「資格への意欲」
「マニアぶりのアピール」

といったところです。しかし、**面白さ、意欲の有無は、このような教科書的な要素の羅列ではなく、実に人間的な怒りや悲しみが根源になっている**ともいえるのです。ただ怒っているのではなく、ただ悲しんでいるのではなく、ただ絶望するのではなく、自分の中には小さな力しかなくても、専門家集団の列に加わることで何かをしたい、この思いこそ興味深く、面白い自己表現の源となるのです。

そして、もし仮に、自分にそういう思い、マニア的指向や社会に対する批判精神がない場合には、志望理由書を書くという事態に備えて、**なるべくたくさんの本を流し読みして、自分の奥底にある関心を掘り起こして下さい**。学部選びは、結構「勘」でなされることが多いのですが、読書という作業は、多くの場合、その「勘」が間違いでなかったことを教えてくれます。つまり、**何か掘り起こしたくなるテーマを誰もが見つけてしまう**ということです。こうなったら、後はただ本書を参考に書いていくだけです。

本書を読み、読書を重ね、実際の志望理由書を何度も何度も書き直して下さい。最低5回、中には間隔をおいて、読書を間に挟みながら10回以上書き直す人もいます。このような書き直しを意識するならば、身近にいる誰かに添削を頼んでみることも大切でしょう。

とはいえ、志望大学、学部・学科、またその倍率もさまざまです。強烈に面白い志望理由書を、誰もが、どうしても書かなければならないというわけではありません。

しかし、志望理由書を書くということは、（多くの公募制推薦の体験者が語るように）ある種の「自分探し」にも似た行為です。この作業を通じて、大学で何を学びたいのか、はっきりしたという声が多く寄せられています（それは、あらゆる受験生に志望理由書の提出を義務づけたいほどです）。これは人生の大きな財産です。この充実感は、しっかりと準備をして志望理由書を書いた者にだけ与えられる贈り物なのです。やや大げさかもしれませんが、この充実感をぜひ多くの人に味わってほしいと思えてなりません。

第3章

自己推薦書の書き方

第3章では自己推薦書の実例を取り上げます。自己推薦書は単独で求められている場合は、志望理由書の要素も兼ね備えたものにし、志望理由書と並列して求められている場合は、自己推薦書独特の内容で終始させる必要があります。何を書くべきか、なかなか悩むものですが、本章の内容を熟読し、効果的な方法論をぜひ手の内に入れて下さい。

志望理由書と自己推薦書の違いは何か

志望理由書は未来、自己推薦書は過去に力点をおく

　自己推薦書は難しい側面を持っています。その第一は、事前提出書類として自己推薦書が単独で求められている場合と、自己推薦書と志望理由書、両方が求められている場合とでは微妙に書き方が違ってくるところです。

　単独で求められている場合は、必然的に志望理由書の内容も書かねばならず、それを自己推薦書とどのように折り合いをつけていくかが問題となるのです。また、自己推薦書と志望理由書が分かれている場合は、どうしても志望理由書の方に内容がシフトしてしまい、自己推薦書で書くことがなくなって困ってしまうこともあります。
　基本は、**志望理由書では未来に力点をおいて大学入学後の姿を描くことを主とし、自己推薦書には過去、つまり自分がどのような高校生活を送ってきたのかを主として書くべき**なのです。特に、志望理由書と自己推薦書が並列して求められている場合は、過去と未来を切り離して、両方に新鮮な内容を書くことがポイントになります。

過去に実績がなければ、未来につながる何かを示す

　さらに第二の問題として、過去に誇るべき実績がない場合、何を書けばよいのかさっぱりわからなくなってしまうという点です。クラブ、生徒会、ボランティアなどは評価の対象となりますが、学校内の委員会活動の実績や学園祭の実行委員程度では、自己推薦書の柱にはちょっとなりにくいといえます（とは言え、書かないより書いた方がよいのですが）。

　このようなとき、**必死に何かの実績を探してオーバーに語ったり、「駆けこみボランティア」をしたりするのはかえってマイナス**です。

これらは、書けば書くほど泥沼にはまってしまうもので、それが素直な気持ちから出たものでなければ、また本当にがんばったものでなければ、書いてもほぼ無駄だということは明言しておきます。

　ならば、どうしたらよいのでしょう。もし何の実績もないならば、**まず自分の志望理由が固まっていった読書歴を順々に語る**のは良い試みです。評定が悪くても、クラブの実績がなくても、「私は自分で納得できる目標が見つからない限り、がんばることができない」という苦しい言い訳で切り抜け、**自分がどれほどその分野、テーマに精通しているか披露する**しか方法はありません。

　ただし、「がんばる」「集中力がある」「あきらめない」「人の輪を大切にする」などの精神面でのフレーズは、まず100％誰もが書くものです。さらに、柔道二段の人がそのように述べるのと、何も実績がない人がそのように述べるのを比較した場合、後者はずいぶん弱いことがわかります。

　そういった弱点は十分に理解し、決して背伸びせず、**今まで自分がしてきたことで未来につながるものを示す**べきでしょう。

　また、クラブ、委員会、ボランティアなどでどうしてもアピールしたいことがあるならば、**レポートにしたり、写真を添えたりする**のは良いアイディアです。規定以外のことをすると不合格になるのではないかと心配する人がいますが、公募制推薦の場合、評価されることはあっても、それが理由で不合格になるということはありません。詳しくは第4章で解説していますので、そちらを読んでからこの第3章に戻ってきてもよいでしょう。

実例㉓ 幼児教育学科の自己推薦書

　私は、夏休みに狛江子どもの家保育園と狛江和泉保育園でボランティア活動を体験しました。以前から、身近にいたいとこの面倒をよく見ていたこともあり、自分自身が幼い頃の気持ちに戻って優しく接することができたと思います。
　ここでの私は、子どもたちから見れば１人の先生であり、様々な子どもに対して、平等に接することが保育をする上で大切だと感じました。ただ単に子どもの遊び相手をするのではなく、子どもが生活する場、全体が保育の仕事なのです。園庭の清掃、汚れた服の洗濯、おもちゃの修理など保育士の仕事は数えきれないほど多く、毎日が忙しさに追われていることを実感しました。けれども、遊ぼうと待ち望んでいる子どもが側に来た瞬間一気に気持ちが明るくなり、子どもたちの笑顔や「先生大好きだよ」のひと言が、励みとなるのです。初めての体験としては、子どもたちの前で手遊びをしたことです。とても緊張したけれども、一緒になって笑顔でまねをしてくれたことは、今でも鮮明に残っています。このように人の前に立ち発表できたのも、中学で三年間学級委員長をやったことや、高校では体育祭実行委員として、プログラムの作成から当日の役員を経験することで、自信をつけることができたからだと思います。
　また、子どもを取り巻く環境に関心を持つようになりました。本や新聞を読むことで、社会問題とされている児童虐待を知り、幼い子どもが虐待の犠牲になる痛ましい事件が起こるたび辛い気持ちになります。そこで重要とされるのは、虐待を受けた子どもや虐待をしてしまう親の心のケアだと思うのです。
　もし私が貴校に入学を許されたなら、保育園でのボランティア経験を生かし、１人ひとりの子どもに合わせて対応したいです。また、子どもの心を理解するため貴校で保育に関する知識を身に付け、心理面からも支えることのできる保育士を目指しています。

Comment 実体験をもとに具体的な視点をアピールする

　志望理由書が求められず、自己推薦書のみが単独で求められているケースです。力点を過去のボランティア体験におき、それについて詳しく述べています。本来、志望理由書に書くべき内容である大学入学後の自己像についても、軽く触れるだけになってはいますが、自己推薦書の中に組み込まれている点に注目して下さい。

　全体の構造は、自己の体験（ボランティア）→社会的視野（幼児虐待）→志望理由、となっています。自然な流れで書かれている、なかなか「読ませる」自己推薦書です。また、無用な精神論（「がんばる」「あきらめない性格」など）が前面に出ていないという点にも注目です。

ここに注目

❶ボランティア→マイナス情報（保育士は大変）→プラス情報（でも、保育士になる意義は深い）→社会批判→志望理由、という流れ。

❷マイナス情報、具体的には、保育士がいかに大変であるかを述べている点。楽天的な内容ばかりでないところは大変良い。

❸ボランティア体験が非常に具体的な視点を与えていて、空論になっていない。

実例㉔ 心理学科の自己推薦書（活動アピールカード）

活動内容を自己アピールし、自分の考え方を含めて自由に表現して下さい（600字程度）。また、具体的な活動記録・客観的評価があれば、そのことも記入して下さい。

　私は高校三年間、JRC（青少年赤十字）の一員となり、ボランティア活動に参加しました。JRCは、日本赤十字社の下にあり、県内のJRCメンバーとの交流会、協議会を通して、お互いの意見を交換し合いました。学内の活動としては、募金活動、老人ホーム訪問、車椅子講習会などを行いました。

　参加したボランティア活動を通して、私が一番学んだことは、積極的な行動をすることと、あと少しの勇気を持つということです。街の中で困っている人を見かけた時、私はどう声をかけたら良いのかわからず、戸惑っている間に、他の人が手助けをしていたという場面が度々ありました。やはり、そういう場面では積極的に声をかけ、勇気を持って近づいていくことが必要なのです。

　また、同時に、コミュニケーションの難しさも学びました。老人ホームを訪問した時、老人の方の気持ちを理解できず、怒らせてしまったり、何も話せずに終わってしまうこともありました。相手の立場に立って考えるということができていない証拠だと反省しました。

　このような経験は、JRCメンバーだからこそ学ぶことができたのだと思います。また、JRC内でしか作れない、かけがえのない友情も生まれました。その友人とは、交流会などで会うたびに、楽しかったこと、辛かったことなど、何でも話し合える仲であり、心の支えになっています。

　ボランティア活動を通して学んだことは、これからの生活の中で、大きな糧になると思います。JRCで学んだこと、特に、相手の立場に立って考えることは、心理学、特に、カウンセリングな

どの場面で、役に立つはずだと信じています。
(具体的な活動記録、または客観的評価(入賞、表彰など)があれば、箇条書で簡潔に記入して下さい。)
・緑の羽根、赤い羽根の募金活動に参加
・老人ホーム訪問、献血ルームのお手伝い
・障害者出演コンサートのスタッフボランティア

Comment 3年間続けてきたことをアピールする

次は志望理由書と分かれている(両方求められている)ケースです。第2章実例⑯の志望理由書と同じ書き手によるもので、実例⑯と、この実例㉔はペアで提出されたものです。

また、正確には、自己推薦書ではなく「活動アピールカード」という要求になっています。さらに、具体的に何を書くべきかという事例が提示されており、どのように書くか制約がついています。これらを受けて、この実例は、ボランティア一色になっているのです。

この文章自体は、それだけで大変個性的で面白いものになっているわけではありませんが、3年間ボランティア活動を続けてきたことがよく伝わってくる文章だという評価はできます。もちろん、志望理由書など他の選考課題で良いものが出せるならば、この水準のもので十分でしょう。

ここに注目
❶3年間続けたことをアピールしている。
❷自分には上手くできなかった、マイナスの体験を述べている点に好感が持てる。
❸最後にさりげなく志望学科と接続している。

実例㉕ 商学部会計学科の自己推薦書

あなたが自己アピールしたい事柄について、それによってあなたの人生でどのようにプラスになったかを含めてまず100字以内で要約し、1200字以内で詳しく記述してください。

　私が高校で勉強と部活の両立を通して培うことのできた「高い目標への努力」はとても価値のあるものでした。そしてそれは将来の夢である公認会計士になるための資格取得に向けて力を発揮すると思います。(以上、要約)

　私が小学校、中学校、高校を通して学んできたことは決して勉強や集団生活だけではありません。私は高校の部活動を通して、とても大きなものを得ることができました。それは目標に向かって努力するということです。もちろん、そのことは高校の部活動で初めて知ったことではありません。常に目的意識を持ち続けることの大切さを心から理解できたということです。

　私は高校受験の際、少なからず目的意識の大切さを理解していました。そして高校に入学してからは何かやりがいのある部活をやってみたいと考えるようになりました。私は高校に入学し、文科系の中でも特に盛んな吹奏楽部に興味を抱き、入部しました。初心者の私にとっては、毎日が新しいことの連続でした。演奏は一人一人の努力により成立するので、自分のパートの役割を果たすことが最初の目標でした。全員のレベルが上がるにつれ、目標も野球部の応援、文化祭の演奏、アンサンブルコンテスト、年度末の演奏会へと移り変わっていきました。その度に練習も普段の放課後に加え、休日、早朝と厳しくなりました。そのような練習においても真面目に取り組むことができたのは、やはり同じ目標を持った仲間が側にいたからだと思います。彼らのおかげで私は自分の能力を高めることや豊かな心を持つことができました。

　私にとっての吹奏楽は単なる趣味に止まらず、高い目標への努力を養うことのできる場であったと思います。一生懸命努力した演奏の爽快感はそれまで味わったことのない経験でした。

　勉強についても同じことが言えると思います。私は高校に入学する時から進学することを目標としていたので、勉強を疎かにすることはありませんでした。部活動の時間が延びると、予習、復習の妨げになってしまうのではないかと感じることもありましたが、逆に切羽詰まった状況は勉強に対しての

刺激となり、毎日が充実したものになりました。学問の道と文化の道の両立が出来たと感じています。

　目標を持つことで涌いてくる意欲は、それを達成するのに必要な力の源になるということを高校生活の中でつかみ取れたと思います。

　私は将来、公認会計士になりたいと考えています。そして公認会計士の試験は国家試験の中でも難しいものの一つとされています。とても高い壁であると同時に、高い目標でもあります。私は高校で培った「高い目標への努力」を活かして各講義や資格取得に向けて一生懸命取り組んでいきたいと思っています。

Comment　よく勉強したことをアピールする

　これも志望理由書と自己推薦書が分かれているケースです。第2章実例⑳の書き手によるもので、やはり大学の出願時にペアで提出されたものです。

　一見してわかりますが、一貫して高校時代の思い出話を展開しています。当然、これでは不満な部分もありますが、第2章で述べた通り、この受験生は指定校推薦への出願ですので、ある意味、これだけ書けていれば十分だともいえます。

　ただ、勉強をよくやった、とはっきり明言している点は評価できます。受験生は意外に奥ゆかしい人が多く、控えめな言い方をする場合が多いのですが、勉強面に関しては、(評定平均の高い人は特に)高校に在籍している間よく勉強したことをアピールして下さい。大学生は放っておくとすぐ遊んでしまう人が多いので、このような真面目な人はそれだけで歓迎されるものです。はっきり言って、ものすごく面白いというわけではないのですが、評定が高いということは一つの財産であることの証といえる文章です。

> ここに注目
> ❶高校生活の学習成績ははっきり誇ってよい。
> ❷高校生活の詳細を書くことは、自己推薦書の第一歩。

実例㉖ 英語学科の自己推薦書

　私は将来、国家公務員一種の資格を取得し、外務省の経済協力局で途上国援助にかかわりたいと考えています。そのように考えたきっかけは、高校時代の様々な経験です。私は高校生活において、特にボランティア活動に積極的に取り組んできました。世界規模の奉仕団体であるGFSの校内支部には三年間中心的存在として所属し、様々な奉仕活動、交流活動を経験しました。私はこれらのボランティア活動を通じて、"ボランティア"というものが、一方通行のものではなく、する側とされる側が相互に理解し合うことで生まれる「心」の交流、支え合いであるという大切な学びを得ることができました。つまり、援助の現場では、「助けてあげる」という傲慢な考えではなく、相手の立場に立って「共に歩む」という精神が必要なのだということに気付いたということです。また、課外活動としては他に国際問題グループに所属し、文化祭での発表や国際協力フェスティバルへの参加を通じて、国際問題・国際援助についての知識や興味を養ったり、英語力の向上のために、TOEIC、英検の取得や、様々な英語のスピーチコンテストに挑戦したりしました。これらの経験から、国際社会を対象とする、英語力を必要とした援助の仕事を志すようになりました。ただし、援助を仕事にするということは、非常に困難なことです。現在の日本の援助の中には、善意に反してマイナス効果が生まれ、南北格差を広げたり環境破壊の原因となっているものも多くあります。また、実際にJICAで働く知人の話では、政府レベルでの援助は外交上の利害に左右されがちであり、その上相手国の文化を無視した日本技術の押し付けという形で行われているため現地に根付かないという問題があるそうです。理想的な援助というものは、一概に言うことは出来ず、今後もさらなる援助の改善と充実が不可欠です。私は、相手国との相互理解、協力による、教育水準の向上や自立を促すようなより良い援助を実現したいという目標を持っています。私は貴学でこれらのことに取り組める人間に

> なれるようさらに成長し、目標を達成したいと考えています。高校時代、様々な経験をしてきましたが、それらは大学・将来の目標を形成する役に立ちました。

Comment 大学が評価する要素をアピールする

　はっきり要求してくるわけではありませんが、ある特定の資格や実績を大学が強く評価するということは珍しいことではありません。このような場合、第2章で示した大学説明会での情報収集が欠かせない要素になってきます。

　この実例㉖の書き手が目指す大学は、英検の成績を最大限に評価し、スピーチコンテストの実績をさらに高く評価します。この自己推薦書では、後半の専門的な関心を述べているところに書き手の力の入れ具合が伝わってきますが、大学が真に評価しているのは、あくまで英検とスピーチコンテストです。もちろん、後半の内容が関係ないと言っているのではなく、後半の内容は英検の成績とスピーチコンテストの実績を踏まえて評価されているのです。

　逆に言えば、事前のリサーチなしで自己推薦書を書くと、ピントが外れたものになってしまう可能性があるということを、この実例㉖は示しています。急な志望校決定や変更が不利なのは、この点にも現れています。

ここに注目
❶大学が評価する要素をあらかじめリサーチし、それが自分の持っているものならば、自己推薦書の中で明示する。
❷専門家への取材は、大変評価が高くなる。

実例㉗ 社会福祉学科の自己推薦書

　高校に進学して書道部に入部するまで、書道をしっかりと習った経験がなかった私でしたが、三年間頑張ることができたのは「次はさらに上の賞を目指すぞ」と、目標意識を持って取り組むことができたからだと思います。書道というと、一見地味で、活動内容が限られてくるように思われがちです。しかし、一文字一文字に込められた感情が伝わってくるような作品に出会ったとき、書道の面白さを知ることができました。様々な墨や筆、紙を使って、数多くの書体や創作作品を自分なりに表現できるのです。そして、自分自身を表現でき、鑑賞して下さる人の心を動かす書を目指すため、様々なジャンルの作品に挑戦することを新たな目標としました。

　しかし、大学進学を考えていた私は、放課後の補習授業にも参加したかった為、思うように時間が取れなくなってしまいました。そこで、短時間でも集中して書き、常に「この作品を出品するんだ」という気持ちを持って書くようにしました。そして、以前にも増して一つ一つの作品を大切にするようにしたのです。そんな状況の中、二度目の文化祭が終わり、お世話になった先輩が引退し、新しく私が部長に選ばれました。私は部長として、書道だけでなく、部としてのまとまりも大切だと思ったので、恒例のクリスマス会や新入生歓迎会を通して、クラスを超え、学年を超えたつながりができるように努めました。

　また、自分の特技である書道をもっと様々な場所で生かしていきたいと思い、生徒会役員選挙の書記に立候補し、当選することができました。三年生になって新入生を迎える際に、まず校歌を覚えて欲しいという願いを込めて、模造紙を継ぎ合わせた紙に校歌を書いたことが書記として大きな仕事でした。また、最後となった今年の文化祭は、書道部部長と生徒会書記を両立するために苦労をさせていただき、忘れられない思い出となりました。そして、三年間の書道部での活動の締めくくりとなった学書展では、自己最高の結果である高校賞を受賞することができました。初めてトロフィーを手にしたとき、この上なくうれしく思いました。

　三年間の書道を通した活動で学んだことは二つあります。一つは、努力することの大切さです。単調な練習を重ねることで、上手に書けるということだけではなく、作品へ自然と感情移入し、自分自身を表現でき

る作品が書けるようになりました。二つ目は、協力することの素晴らしさです。書道とは、専ら個人作品のみのように思われがちですが、一、二年時に書いた共同作品、あるいは交流会や文化祭の成功は、部としてのまとまりなしではありえなかったと思います。様々な活動ができたり、最終的に私自身が高校賞をいただけたのは、部員や顧問の先生のおかげであって、そうした支えに対し、感謝の気持ちで一杯です。この、私自身が努力したことと、仲間とのチームワークから得たものを胸に、私は貴学に進んで、将来は、小学校の頃からの夢であった教員になりたいと思います。

　高校入学当初は、教職に就くには、教育学部で学ぶことが最善の方法だと思い、それを目標としてきました。しかし、ここ二、三年の間に、全国各地の学校で、いじめや自殺、不登校の急増が叫ばれています。英語科という専門学科で学んだこと、書道を通しての活動で学んだことを重ね合わせて考えると、一人一人の個性が発揮できる特色ある教育を実践することが必要不可欠だと思います。幸いにも、私は中学生の頃、貴学の卒業生である〇〇先生との出会いがありました。社会科の授業だけでなく、部活動や生徒会活動でもお世話になりました。〇〇先生は、一人一人の個性が発揮できるような場をつくりながらも、仲間の心が一つにまとまる環境を作る為、常に友達のことを考えて行動しなくてはならないことを強調され、教えて下さいました。特に、〇〇先生が口癖のようにおっしゃっていた「みんなのために、一肌脱ごう」という言葉は、私が高校生になって、ルーム長や書道部部長、生徒会書記としてリーダーシップを執る時に心の支えとなりました。私も、これからの教育には何が必要であるかを学ぶ為、貴学に入学したら、まず多岐にわたる社会福祉学の基礎知識を習得し、その上で、児童・教育福祉ユニットで教育福祉論を中心に学ぶことにこだわります。なぜなら、これからの教育は、みんなが「満足できる環境」すなわち「福祉」なしには先に挙げた諸問題を解決することはできないと思うからです。

　大学での勉強は、自ら問題提起し、解決していかなくてはならないと思います。特に、社会福祉学や教育学は、高校の勉強ではあまり触れることがなかった分野ですので、現時点での知識は乏しいものです。しかし、大学では、机に向かっての勉強だけではなくて、課外活動やボランティア等、体を使って学び、卒業後は教育分野に新しい「福祉」の風が送り込めるような人材になりたいと思っています。

　以上、私の主旨、心情を理解していただき、できますなら貴学への入学の許可をいただきたく、よろしくお願い致します。

Comment 誇るべき実績をアピールする

　もし、あなたに誇るべき実績があるならば、自己推薦書はとても簡単なものになります。自分の実績と、そこに至るまでの苦労を書けばそれでいいからです。この長い自己推薦書には、至るところにその自分の「長所」が描き出されています。

　県代表レベルの実績から評価され、全国ベスト16になれば、それだけで多くの大学が迎え入れてくれます。また、ベスト8、ベスト4ならば、ランクが高いとされる大学も動き出します。

　クラブは本来、自分の経験として大きな糧になるものですが、残念ながら、大学入試では、ただクラブを3年間続けた、キャプテンだった、というのではアピールポイントとしては弱いといえます。

　書くことがマイナスになるわけではありませんが、だからと言ってプラスになるわけでもありません。これは個人競技でも同様で、個人でも実績は全国から、というのが大学入試では合い言葉になっているようです。

　ただし、個人競技で実演できるものならば、もしかするとチャンスがあるかもしれません。たいした道具が必要なければ、面接の際に実演してしまうという手もあります（実は意外に多い）。面接官を感動させることができたなら、もしかすると…ということもあるかもしれません。

> **ここに注目**
> ❶自分の実績を前面に出し、志望理由書的な内容を大胆に排除している（ただし、この受験生は別紙で志望理由書を書いている）。
> ❷実績が出ているならば苦労話も素直にうなずくことができる。

問われるのは、高校生活全体

　結局、自己推薦書には２つの方向性があり、一つは**学問との出会いを綴ったもの**、一つは**課外活動の実績のアピール**です。どちらもなくて高倍率の公募制推薦に出願するのは、無謀(むぼう)なことといえます。

　また、当然ですが、後者は受験を決意した後でどうこうできるものではありません。高校３年間、トータルの評価で、これはしっかり課外活動をしてきた人を誉めるべきです。例えば、通知表がオール５、生徒会長として新しい改革に取り組んだ、全国ベスト16に入った、英検２級などの実績は評価されてしかるべきです。

　同様に、意外かもしれませんが、高校で書くように強いられ、やっていくうちに面白くなっていったレポート作成や、全国模試の結果なども十分評価の対象となるのです。これらも、受験を意識してから何とかなるものではありません。

　一方、学問との出会いを綴った記録は、何とか今からでも書けそうです。特に、**本書で推奨(すいしょう)された作業を実行し、その記録を日記に残し、数々の小論文作品と共にその日記も提出する**、といった大胆な行動に出たら、意外に高い評価が得られるものなのです。

　何ということはない日記でも、自分の気持ちが伝わるならば、それも確かな一つの方法です。テンポを上げれば１ヶ月ほどでできることなので、面倒と思わずに実行してみるとよいでしょう。必ず、がんばったことに対する見返りがあるはずです。

　ただし、志望理由書とは異なり、自己推薦書が動かしがたい要素を持つこともやはり事実で、学問との出会いを綴った記録も「付け焼刃(やきば)」と言えば「付け焼刃」のものです。さらに、もし自分の志望大学が目に見える実績を重視する大学であったとしたら…。早期の段階で気づけば手の打ちようがありますが、大学説明会などを通じての情報収集を怠(おこた)ると、こんなところでもほころびが現れます。

第３章　自己推薦書の書き方

結局、志望理由書や自己推薦書の究極の対策は、**早期取り組み、早期解決**というところにあるかもしれません。ここでも、偏差値の競争では問われない、意欲という点での競い合いがあるといえます。

　第3章で取り上げた5つの自己推薦書は、さまざまな状況で、さまざまな思いをこめて書かれたものですが、問われているのは高校生活全体だといえます。こうなると、公募制推薦が楽か、一般入試が楽かというのは、一概に言うことはできず、それぞれが別の基準で受験生を審査していることがわかります。一念発起して一般入試に向かうのも、公募制推薦の対策に取りかかるのも、実は手間や労力という点では変わりのないものなのかもしれません。

第4章

究極の裏技、レポート作成

頼まれもしないのに出願時にさまざまなものを同封する受験生は年々増えています。中には小さなダンボール箱一杯分の資料を送付してくる受験生もいるほどです。もちろん、やり過ぎは危険ですが、レポートや読書の記録などを同封することは基本的に評価の対象になります。「頼まれもしないのにやってみる」という姿勢は、積極性があると高く評価されてしまうのが推薦・AO入試の一つの特徴です。

レポート作成は最後のチャンス

　公募制推薦では、事前に大学側が志望理由書と共にさまざまな課題を要求することがあります。指定図書を決めて読書感想文を書かせたり、レポート作成を義務づけたりするのがその例です。

　当然、こういった事前提出書類には「代筆」という悪事の可能性があるので、必ず面接がセットになっていて、まさに嵐のような「突っ込み」が受験生を襲い、実際に泣かされる、ということも珍しくなかったりします。

　裏を返せば、これも大学側の真剣に審査したいという意欲の現れで、決して悪いこととはいえません。むしろ甘い気持ちで、取り繕った文章を提出する受験生の方が問題でしょう。面接で泣く人が出るような面接をやっているところこそ、教育に力を入れている大学といえるかもしれません。

「勝手レポート」送付大作戦

　第4章では、大学に添付するよう要求されたレポートと、大学に要求されず、いわば「勝手に」書き、「勝手に」同封した「勝手レポート」の2種類を取り上げます。特に後者は、**公募制推薦の裏技中の裏技として高い合格率を誇るアプローチ**です。その具体的な方法は以下のようになります。

　まず、本書で指定されたように、新聞を読み、ファイルを作り、書籍を読み、ファイルを作り、何か一つテーマを決めます。**そのテーマが大学で学べるものであること**、**大学全体のスタッフ構成の中でピント外れになっていないこと**を確認し、レポート作成に入っていきます。

　レポートの素材は、自分で集めた新聞のファイル、書籍のコピー、『AERA Mook』などの推薦図書、プロへのインタビュー、施設の訪

問記録などで、それらを軸に**政策的な提言**や、**新しい試みを紹介**したレポートを書いていくのです。もちろん、高校2年生までに学校の課題などで何か書かされている人は、それを手直して提出することは歓迎すべきことで、3年生になった今では、その続編という形で発展させるとよいかもしれません（もちろん、志望学部と内容が合っていないとダメですが）。

　具体的な書き方としては、レポートの書き方についてのノウハウ本を参考にしてもいいでしょうし、学校の先生と二人三脚で行っても構いません。ある一つのテーマに対して、積極的な提言ができるならば十分といえます。さらにその中に、**読書で得たこと**、**読書以上の体験で得たこと**が織り込まれていたならば、何の文句もつけようがありません。

　後は、志望理由書と共に、「**これは私が書いたレポートです。私の意欲を表現しきれていると強く思うので、ここに同封しました。審査の対象としていただければ幸いですが、もし審査の対象外であるならば捨てていただいても構いません**」という手紙を同封すれば終わりです。レポートや出願書類を出してしまえば、後は自分で選んだそのテーマに最も近い講義・ゼミを担当している教授の手元に届くことを期待するのみです。

　実際、ルール違反として叱られてもいいはずですが、この「勝手レポート」送付大作戦を実行して、ルール違反を責められた人は1人として聞いていません。公募制推薦は、意欲があれば入学させてしまうという側面が強いので、レポートの同封といった行為は明らかに歓迎のはずです。

　むしろ、このレポート作成は、評定が弱かったり、課外での実績がない人には最後のチャンスとなるので、どんなに不利でも「攻める」気持ちを失わない人には、最後の逆転の手段として、ぜひ積極的に取り組むことをお勧めします。

実例㉘ 国際関係学科のレポート

課題「私の夢」

　今日、発展途上国の多くは、食糧不足・貧困・失業等の様々な社会経済上の困難をかかえ、しかも自力のみではそれらの諸問題を克服しがたい状況にあり、FAO（国連食糧農業機関）の推計によれば、今なお低所得国を中心に栄養不足人口は少なく見積もっても約八億人存在するとされている。また、地域紛争等による戦争難民や資源・環境の劣化によって生じつつある環境難民の数は膨大であり、増加の一途をたどっている。こうした発展途上国に対して、自立的な経済発展のために先進国が支援の手を差し伸べることは、必要不可欠のことであり過去の歴史を考えれば当然のことである。今や自国のことだけでなく世界全体の平和を考えて行動しなければならない時代なのであると思う。

　日本ももちろんその例外ではない。発展途上国に対する経済協力、とりわけODA（政府開発援助）の拡充に努めてきた結果、1992年にはついにアメリカを抜いて第一位のドナーとしての地位を得るまでとなった。今では援助大国日本の地位は揺るぎ無いものである。しかし、確かに額は世界一のレベルに達したが、質も世界一かというといささか疑問が残る。ODAに対しての批判はあとを絶たず、様々な本を通して、私は必ずしも人々の役に立っていないODAの開発事業の存在を知った。今日のようにODAの規模が大きくなると、途上国、とりわけアジア諸国の経済開発と貧困の解消におけるODAの影響や効果が非常に問題になってくると思う。しばしば批判されるように、ODAが経済開発中心で、最底辺の人々の、生活の向上に役立っていないのだとしたら、私たちは援助をしているつもりでいて、一部の上層の人々にのみ多額の寄付をし、そのことでむしろ貧しい人々を苦しめていることになるのではないか。

　ODAによる援助の中でも、特に工業政策中心の援助が顕著なのが、東南アジアに対する援助である。現在、東南アジアの国々は、

日本の開発援助の効果もあり、以前に比べて経済的に発展した様に見える。例えばフィリピン・インドネシア・タイ等も、都市には大型の道路や橋、ダム、下水道などが建設され、工業化が進み、人々の生活水準は確かに向上している。だが、その一方でまだまだ多くの問題が山積みである。東南アジアの多くの国々では、こうした開発の陰でまだまだ苦しんでいる人々が大勢いるのだ。数多く存在するスラム街で夜中まで路上で物を売ったり、売春を強制されたりしているストリートチルドレンの数も一向に減ることはなく、安い労働力として企業で過酷な労働を強いられる子どもも多数いる。また、都市部と農村部との貧富の差が益々開き、環境悪化（特に熱帯雨林破壊など）が進んでいる。開発によって一部の人は恩恵をもたらされたものの、最底辺の人々の環境は依然として低水準のままである。私は、援助というものは、対象国の社会全体の豊かさを底上げするものではなくては意味がないと思う。ODAの多額のお金は、福祉・教育に重点を置き、上手く活用すれば、貧困や飢え、失業などの改善に大きく貢献することが可能だが、一方で、現在のように工業開発中心になると、貧富の差の拡大や環境破壊などを招くという危険性がある。扱う額が桁外れに大きいために、一歩使い方を間違えると、南北格差をむしろ広げる形となり、地道に最底辺の人々の救助にあたっている援助団体の妨げにすらなってしまう恐れがある。

　その点でNGOの活動は、もっと地域に密着した援助の実現に貢献しているように思う。NGOでは政府の援助が届かない、最底辺の人々と関わっていて、組織が比較的小さいため、活動が柔軟で機動性に富み、きめ細やかな心の通う協力ができるからだ。人権擁護・農村部の貧しい子供たちの里親の募集と彼らの教育の支援・環境保護など、その形態は様々だが、そのNGOも、国際組織として世界各国にネットワークを持っており、一般市民が、国境や国籍の違いを乗り越え、自発的に参加・運営する、草の根の国際協力団体として多くの途上国で活躍している。特定の地域に援助が留まってしまうものの、その影響力、可能性は無視できないものとなってきている。日本では、まだ援助の歴史が浅いために、NGOの資金調達は、なかなか困難であるらしい。それゆえ、政府はNGOへの資金協力や話し合いの機会を今よりもさらに増やし、世界の各地にネットワークを広げ、本当に援助を必要としている人々の現状を知った上で、大規模に全世界バランスよく支援でき

る体制を充実させる必要があると思う。

　私は、ODAであれNGOであれ、相手国の役に立つ援助をする際には、まずその国を、ただ書類上のデータだけではなく、その国に住む人々の社会・文化・歴史・伝統・風土、そして政治的状況を通じて理解することが大切だと思う。政府の援助が、千差万別の途上国の環境にも関わらず、程度の差こそあれ、開発一辺倒になりがちなのは、どうしてなのだろうか。文化の違いなどによって、開発中心の援助が合う国ばかりではない。現にフィリピンのある地域では、数世代前からその土地で耕作を行ってきた農民たちが、援助と称された輸出加工区建設によって強制的に追い出されたりと、元からある伝統を壊した形で開発が推し進められていたりするのだ。最も苦しんでいる現地の人々とともに、環境と開発、自然と人間との共存について考えていき、その人達自身が、自分たちに一番合った開発を模索し、それを実行する原動力となるような、"自立"を促す援助への方向転換が必要なのではないかと思う。

　以上の様なことから、私は現在のような、開発に重点を置き過ぎて新たな社会問題を生み出しているODAを、社会問題の解決や教育・福祉の向上にもっと目を向けたより良いものへと変えたいと考える。その多額の資金を無駄にしないように、NGOとの協力体制をさらに拡充し、最底辺の人々にも支援の手が行き渡るような援助を実現したいのだ。それゆえ、私は将来、外務省の経済協力局に入り、政府の側からODAを改善したいと思う。また、環境問題の深刻化から、"環境保護"や"持続可能な開発"という、先進国の概念が近年叫ばれ始めたが、それを途上国に無理矢理押し付けるのではなく、国の発展や開発と、環境を守ることは矛盾しないということを、現地の人々、特に将来を担う子どもに伝えたい。そして、その様な語り合いを通じて互いに教えつ教えられつつしながら、お金やモノだけの援助から、人と人との交流、協力を生み出したいと思う。私の活動が、ひいては世界中の人々が十分な愛情・教育・食糧・住家の機会に恵まれて、いつも笑顔でいられるような、ODAなどの必要がないような平和な世界を実現する一歩となるように努力したいと思っている。

Comment 具体的な将来像→意欲があれば上手くなる

　これは、大学から受験生全員が書くように求められたレポートです。「私の夢」という題に反して重い内容を取り扱っており、その意味で書き手の真剣さが伝わってくる文章となっています。

　当然、このレポートの背景には何冊かの本があり、難解な言い回しや難しい用語からも、それらの本からの抜粋(ばっすい)で成り立っていることがわかります。しかし、考えて下さい。普通、「私の夢」という題でここまで突っ込んだ書き方などできるものではありません。おそらく、このレポートの書き手には、文章力や偏差値以上に「外務省」で働き、発展途上国援助に携わりたいという意欲があり、その意欲がここまで書かせているのだと言っても過言ではありません。

　意欲が先にあれば、「書き直し」の繰り返しにも耐えられ、結局、文章などいくらでも上手くなっていくものなのです。問題はやはり、自分がどうなるか、どうなりたいかという具体的な将来像です。

ここに注目

❶現代の発展途上国の現状に対する分析

❷日本の発展途上国援助に対する分析

❸日本の対東南アジア援助の現状

　（ここまで段々と論の焦点が絞られている点）

❹新しい援助の形態であるNGOの紹介

❺援助の本質

❻以上、全体を踏まえて自分の夢を語る。

❼全体像としてストレートに夢を語らず、自分の思いとは別にまず援助の現状を示し、それを踏まえた上で自分の夢を最後に語っている。「私の夢」という題だからといって、全面的に「私の夢」について語る必要はない。

第4章　究極の裏技、レポート作成

実例㉙ 健康心理学科のレポート

　近年、日本の食生活は大変豊かになってきている。しかし、全ての人が健康的な食生活を送っているわけではない。食事に対する意識が低く、栄養面を考えないで好きなものを好きなだけ食べたり、加工食品やインスタント食品などを多く摂取し、偏った栄養状態である場合も少なくない。さらに運動不足が重なり、肥満やコレステロール、動脈硬化などの疾患の傾向が多くなってきている。そこで「何をどのように食べたら体に良いのか」を考えて、自分の食事摂取をコントロールする能力を持つ事が大切である。運動と食生活と健康は大変大きな関わりを持っている事を以下で説明する。

　そこで、食生活が直接関わってくるスポーツ選手の例を取り上げ栄養効果とスポーツとの関係を考えてみた。現在、日本のトップレベルにある競技スポーツ選手達は、世界選手権やオリンピックにおいて、好成績を上げる為に日夜努力している。また、指導者達もそうした優れた選手を育てる為に計画的なトレーニングを実施している。しかし飽食の時代といわれている現代は、スポーツ選手にとって健康的な食生活を維持する為の環境が、食に対する個人の意識の違いによって大きく異なる。それは、現代は個人の自主性が食生活にまで尊重されている事に起因すると考えられるからである。「食べ物ぐらい自由に」という考えをお互い認め合ってしまうと、ファーストフードやコンビニエンスストアなどの便利な食品をつい口に入れ、栄養バランスを崩してしまうケースも考えられる。このように激しいスポーツ活動やトレーニングをして多くのエネルギーを消耗するスポーツ選手にとって、特に食事が大切だという事を以下に述べる事を含めて知っておくことが、基礎体力や競技力の向上には必要であると思う。

　では、運動能力を上げるためには具体的にどのような栄養素が必要なのだろうか。それは、たんぱく質・脂質・糖質である。まず、たんぱく質とは筋肉を構成している栄養素で、筋力を上げるためには欠かすことのできないものである。この他にも骨格を形成する働きを持ち、血液の成分やホルモン、さらに心臓や肝臓などもたんぱく質が主となって作られている。また、たんぱく質は20種類以上のアミノ酸でできていて、その中でも人間の体の中では作ることのできないアミノ酸が8種類ある。栄養価の高いたんぱく質というのはこの8種類のアミノ酸が含まれているもので、その例として卵が挙げられる。しかしどんなに優れている食品だとしても、そればかり食べていれば良いというわけではない。すべて他の栄養素とのバランスが大切である。次に脂質と糖質に関してだが、運動時のエネルギー源となるのがこの2つの栄養素である。脂質は、体内の皮下脂肪やお腹の中の脂肪となって蓄えられ、グリコーゲンが底をついた時にエネルギー源として使われる。消化吸収速度

がゆっくりとしているため腹もちが良く、スタミナ源として優れた栄養素といえる。特に糖質においては、取り方が少ないと筋肉中のグリコーゲンが減少しスタミナ切れをおこし運動を続けることが困難になる。ひどい時には意識を失ってしまうケースもある。これらのことからこの3つの栄養素は、スポーツを行う上で重要な栄養素だということができる。

　次に体の調子を整える栄養素としてカルシウム・鉄・ナトリウム・カリウム・ビタミンの5つが挙げられる。カルシウムは骨格作りに必要な栄養素で、心筋の収縮作用や筋肉の興奮を抑制する作用がある。鉄は体内の組織に酸素を運んだり栄養素の燃焼やエネルギーの生産に関わる大切な働きをしている。また、食事による鉄分の摂取量が必要量を下回ると鉄欠乏性貧血になる恐れがある。鉄分が不足しがちな女性においては、鉄分を多く含む食事をたんぱく質とビタミンCと一緒に摂取し、その時お茶やコーヒーなどは一緒に取らないなどの食事の仕方についても心がけることが大切である。スポーツをすると大量の汗が出る。それと同時に塩分も失われる。汗を出すことは体温調節のために必要だが、大量の汗は体液の水分と塩分のバランスを狂わせ、めまい・倦怠・無欲・失神など命に関わる場合もあるので水分補給をしっかり行うことが大切なのである。カリウムは心臓機能を調節する働きをする。カリウムが不足すると筋力が低下し、筋無力症や疲労がたまりやすくなる。最後にビタミンにおいては、全身の代謝活動を促進する働きがある。ビタミンの摂取量が不足すると運動能力の低下や体調が崩れやすくなってしまう。特にビタミンB_1・B_2・A・Eの摂取が必要となってくる。

　以上がスポーツと関連する栄養素だが、これは決してスポーツ選手だけの問題ではない。本来、スポーツをする、しないに関わらず食事は栄養のバランスを考えて摂取すべきである。時間に余裕がないため朝食は食べない、食べてもパンと牛乳だけという人が多くいる。前日の疲れの持ち越しや夜ふかし、さらに起きてすぐという状態では脳からの食欲信号はなかなかでない。しかし空腹や栄養不足の状態で運動すると、集中力が散漫になりケガをおこしやすくなるので、運動する際はしっかり朝食を食べるということが大切である。私達は寝ている間に汗などによって水分が失われ、体液が濃縮されてしまう。また、早朝の空腹時では、体内のグリコーゲンが減少しているため脂肪の代謝が活発になり、血液中の遊離脂肪酸が増加されてしまう。このようなことから朝食では水分や炭水化物などの栄養を充分補給する必要がある。また、朝食を食べないと昼夕2食、あるいは間食を入れたとしても1日に必要な総カロリー量をカバーすることが難しくなる。それにどうしても偏った食事になりがちになってしまう。だからこそ3食のバランスの取れた栄養摂取が必要だといえるのだ。

　毎日ハードな練習をしているスポーツ選手達は、このような知識を理解し技術の向上に役立てると、よりいっそう良い記録が期待できるだろう。しかし、勝負を考える前にまず、「健康な体」がなければ何もできないことを認識する必要もある。病気にならない、なりにくい「健康な体」があり、その上に初めて「競技体力」を積み上げることができるのである。その基本とな

るのが充分な栄養供給となるわけだから、運動に見合ったエネルギーの補給のためのバランスを考えた栄養摂取、しっかりとした目的意識を持って、何を・いつ・どのような調理方法で・どれだけの量を食べたら良いのかを指導者を含め選手達も理解しておくことが「競技体力」や「技術の向上」には必要不可欠だといえる。

　ワールドクラスの大会に出場するような一流の選手達は、コンディショニングのために食事に高い意識を持っている。日本でも最近は食事コントロールのために、専門の栄養アドバイザーを遠征の競技スタッフに加えている競技団体が増えてきている。その例としてアトランタオリンピックに、マラソンの有森裕子選手の栄養アドバイザーとして同行した管理栄養士の金子ひろみさんの例が挙げられる。彼女は、有森選手の体調に合わせたメニューを、オリンピック遠征中に毎日作り、体調が悪い時や疲れが激しい時などは、ビタミンCや脂質・糖質といった疲労回復に効く栄養素を取り入れ遠征中の有森選手の体調に常に気を配った。そして有森選手はみごと銀メダルを獲得した後「アメリカ合宿中の3ヶ月、毎日食べていた金子さんのメニューは、ハードなトレーニングでくたくたに疲れていても食べやすかった。栄養的にも精神的にも、金子さんの作る食事がメダルへの大きな支えになりました」と金子ひろみさんについてコメントした。また、有森選手の監督である小出義雄氏も「有森がメダルを取るためには、金子さんがいなくちゃ絶対だめだった。アトランタオリンピックでの金子さんの力、合宿に一緒にいる事での安心感は大きかった。スポーツ選手にとって食事は、それほど重要な役割がある」とコメントした。このようにスポーツ栄養の専門家が、メニューを作って現地のシェフに調理の指導をしたり、場合によっては金子さんのように3食と間食の全部のメニューを作ったりもする。

　現代医学がどのように進歩したとしても、現代病といわれる困難な病気が増え続けている。このような状況の中で、病気発生の原因や病気の開始、すなわち病気の生成の原因や諸条件をよく理解し、予防によってそれらを取り除く事が重要となっている。そして一定の量と質をともなうスポーツ活動が、健康を維持していく上には必要不可欠な事だと認められるだろう。

　これらのことからわかるように、人間の体と食事とは深い関係があることが明らかだ。スポーツ選手においては、よりいっそう食事に気をつけなければならないということを今回このレポートを作成するにあたって学んだ。現在、まだまだスポーツにおける栄養面での認識は不足している。私はこれらの事をふまえ大学へ進み、スポーツに関する栄養学の知識をより深めたいと思っている。そして大学卒業後は、大学で習得したスポーツ心理学、栄養学の知識を生かして、先ほど述べたような金子ひろみさんのように選手の身近に立ち、選手に信頼されるようになり、その結果として、生涯スポーツの有益性を社会に対して認知させていきたいと考えている。

Comment 「勝手レポート」で難関突破

ずばり大作です。しかもこれは、誰にも頼まれていないのに勝手に出願書類に手紙つきで忍ばせた「勝手レポート」なのです。

総製作日数は、読書＝テーマ探しから約2ヶ月。書き直しは10回以上、完成するまでに原稿用紙は100枚以上が没になっています。

そして、この書き手が目指したのが、日本でも数少ないスポーツマネージメントを学ぶ学科です。数少ないだけあって、倍率4倍を越える難関でしたが、見事合格しました。通知表は平凡、クラブもそこそこという現状からしてかなり難しいだろうという見通しでしたが、早い段階で志望を固め、後は志望理由書、読書感想文などの事前提出書類の書き直しと共にこのレポートの作成を進めたのです。

また、この大作に取り組む中での書き手の変貌は非常に鋭いものがありました。平凡な高校生が、この大作に挑むうちに自信をつけ、それによって志望理由書や面接での対応がはっきり変わりました。受験を通して潜在的な力が花開いた例で、やはり大切なのは自分が一体何をしたいのかじっくり考えることだと再認識させられました。

> ここに注目

❶ 現代の日本の食生活に対する分析

❷ スポーツ選手と食生活という面にスポットを当てた分析

❸ 運動能力を向上させるための栄養素

（ここまで段々と論の焦点が絞られている点）

❹ 体の調子を整える栄養素

❺ 再び日本人の食生活へ　批判的視点

❻ スポーツアドバイザー　金子ひろみさんの紹介

❼ 全体像としてストレートに夢を語らず、自分の思いとは別にまず栄養とスポーツの関連を示し、それを踏まえた上で自分の夢を最後に語っている。あくまで「勝手レポート」だが、「私の夢」が最後にさりげなく書かれている。

実例㉚ 福祉援助学科のレポート

初めに

　1960年代の高度成長は、国民の消費生活を豊かにした、というだけでなく、長寿化というもうひとつの成果をもたらした。60年代から70年代にかけて日本人の平均寿命の伸びはめざましく世界の長寿国の仲間入りを果たした。このことは同時に、長い老後をいかに健康で生き生きと意欲的にすごすか、という「高齢化の余暇問題」という新しい課題も伴う事になった。定年退職後にやってくる長い老後という「余暇生活」の充実に向けての環境整備やプログラムサービスが、高齢者福祉の課題ともなってきたのである。

　また、国際障害者年は、それまで片隅に置かれていた障害者の社会参加と平等を社会問題としてクローズアップさせた。障害者年に先立つ1979年に、日本レクリエーション協会が行った「在宅レクリエーションの現状」調査は、こうした調査自体が困難であった当時、「喫茶店に行きたい」「一人で映画館に行きたい」あるいは、「外出は月に1～3度。その目的のトップは通院」「テレビやラジオで一日の大半を過ごす」など自由を制限され、ほとんど家に閉じこもりがちな障害者の実態を浮き彫りにした。この調査からは、日常的なレクリエーションの多寡は、年齢や職業の有無、自家用車の有無、サークル活動への参加の有無に相関していると言うことが分かった。そして、障害者にとって、公共機関を使って町を歩きたい、さまざまな人と触れ合いたい、喫茶店や映画館に自由に出入りしたい、といった日常生活の中で誰でもが普通に行っている気晴らしや楽しみの追求を自由な形で出来る様にすることが何よりも大切であることが再認識された。

　高度経済成長がもたらした様々な社会的歪み（環境破壊、人間関係の希薄さetc）が問題となった1970年代から80年代を経て、あらためて「人間らしい生活とは何か」へと関心を向かわせ、そうした流れの中でレクリエーションや余暇の充実が、すべての人々の豊かでゆとりのある生活の実現に不可欠なものとして、あらためて社会福祉の課題として浮かびあがってきたのである。

　以上のことは当然であるが障害児にも言うことが出来る。今日、障害児の8割は、放課後や余暇を家族以外の人と過ごすということがなく家にずっと居るという実態である。私は、この状態をレクリエーションを通して改善することは出来ないだろうかと思った。しかし、具体的にどうするかという考えは浮かばなかった。そんな時に、＊おもちゃ図書館＊という存在を知った。三鷹市に＊おもちゃ図書館＊を開設した小林るつ子氏の「苦しいリハビリ、

難しい勉強、辛い痛い治療。それらを忘れさせ生きている喜びを充分に味わってもらうためにも、ハイテクおもちゃは、障害児の大切な宝物になってくれる筈です」という言葉に共感した。彼女が書いた本の中の、おもちゃで遊ぶ写真の子供達の表情がとても生き生きとして、楽しんでいる様子が手にとる様にわかった。これからおもちゃ、おもちゃ図書館について詳しく書いていこうと思う。

基本的な活動内容と理念
(1) ひらかれた場所（例－ボランティアセンター、福祉会館等の公的機関）でおもちゃを備えてボランティアの人々と障害を持つ子供達が一緒に楽しく遊びます。上手に遊べない子供には、ボランティアの人々が遊びの援助をします。
(2) 運営は、ボランティアの人々によって行われます。ボランティアは、医師も保母も父兄も主婦もまたお年寄りの人も学生も参加しています。
(3) おもちゃは、一般に市販の安全で楽しいもの、一人一人の子供のために作られた手作りのもの等を備え活動しています。

おもちゃ図書館の意義
＊障害児にとって
ア）遊びの場として
　障害児にとっては、訓練とか療育は大切なことですが、なかなか喜んで受け入れるのは難しいものです。これに対して、おもちゃで遊ぶことは楽しいことで、自分から進んでやりたがります。おもちゃと遊ぶことを通して心身の発達がある程度促され、良い刺激となります。「この子がこんなに嬉しそうな顔をして何かをやっているのを初めて見た」と驚く母親が少なくありません。
イ）他者とかかわりを持つ機会に
　障害児は、多くの場合、住む世界が狭くなりがちです。顔を合わせるのは母親だけなどという例も少なくありません。おもちゃ図書館に来れば沢山の仲間に出会えます。障害の種類や程度がさまざまな子供達とおもちゃを通して遊ぶことで世界が広がります。また、おもちゃ図書館への行き帰りに接する「外界」にも刺激を受けることでしょう。実は、これは障害児が通う姿を見る町の人達にとっても障害を知り、理解する貴重な機会を提供することになるのです。
ウ）リズムある生活のために
　おもちゃ図書館は、だいたい週に何回（月に何回というところも多いのですが）と決まった間隔でオープンしています。障害児の方でも「今度はいつ」という心待ちがあり、それにより生活のリズムが出てきます。
　ともかく自発的に楽しみながら出かけていく場所として貴重です。
＊親にとって

ア）希望が与えられる

　わが子が障害を持っていることを知った親は、しばらく茫然自失し、そして絶望します。「この子はあれも出来ない、これも出来ない」といったことだけ数え上げることにもなってしまいます。

　「この子のこんな嬉しそうな顔は初めて」と驚いた母親は、次には「この子がこんなことも出来るなんて」と驚くことになります。おもちゃを得て子供の可能性がどんどん伸びていくことに希望を見出すことでしょう。家に閉じこもっていたのではわからなかった子供の潜在能力を、おもちゃ図書館を通して知ることになります。

イ）息ぬきの場となる

　何はともあれ、ショックをうけている親にとっては、家で障害児と向かい合っているだけの生活から早く脱出しなければなりません。この様な時に、気軽に行ける場所としておもちゃ図書館は最適です。親にとっても、月に何回かでも息ぬきが出来る時間が絶対に必要です。

ウ）連帯感の芽生え

　息ぬきだけではありません。おもちゃ図書館には仲間がいます。いろいろな障害を持つ子供の母親達と知り合うことが出来ます。彼等と話し合うことにより、自然に悩みが軽くなり、連帯感が生まれてくることでしょう。

おもちゃは必要か？

　はたして、おもちゃは必要ないのでしょうか。たしかに、ある年齢に達するまでは、母親が子供のおもちゃ代わりになるかもしれません。しかし、それには限界があります。母親の時間的、体力的な限界もあるでしょう。もう一つ大切なことは子供は、どんなに保護され両親の愛情に包まれても、いずれは独り立ちし、さまざまなものに接し、それを自分のものにしてゆかなければならないということです。

　おもちゃを与えられた子供は、まず何か運動を起こします。振ったり、口に咥えたり、放り投げたり、何度も繰り返すうちに、子供はものの性質を知り、次第にものを操作し、思い通りに使う方法を体得していくのです。

　子供（私達も含めて）にものが与える影響は、想像以上に大きなものがあります。ですから、良いおもちゃを与えることは、その子供の健全な発達を促し、大げさなようですが、その人生にも影響を及ぼすかもしれません。なぜなら、私達、大人が現在やっている仕事や活動には、子供の頃に無心になって遊んだ体験が随所に活かされているからです。

　子供がおもちゃで遊ぶ姿は、私達から見れば微笑ましくもありますが、子供にしてみれば、真剣そのものです。純粋に物事に打ち込む点では私達以上でしょう。しかし、子供達は、まだ自分で良いものと悪いものを判断する能力は持っていません。こう考えると、大人はおもちゃについても重大な責任を持っていることになります。おもちゃの与え方について深く考察することが、私達に最も必要なことではないでしょうか。

子供の気持ちになることの大切さ（先に書いたことと少し食い違うが）

　たとえば、昔の日本のおもちゃを手に取ると、大人は子供の頃を思い出します。丈夫で安全で何よりも素朴です。プラスチックと比べてみれば暖かみもあり良いことずくめのようですが、今の子供達にとっては果たしてそうなのでしょうか。

　三鷹におもちゃ図書館が出来たということで、創立者である小林るつ子氏の友人で白木のおもちゃを専門に作っている人がお祝いに、白木のおもちゃを段ボール箱一杯に持ってきて下さったそうです。とても良いおもちゃを頂いたと職員は大喜びでした。おもちゃ図書館の中でも一番良いところに並べ、子供達が、すぐに手に取れる様にしました。ところが、ちっとも借りてくれません。時々、大人が取り出して子供と遊ぼうとしますが、子供の方はすぐに飽きてしまいます。一人で遊ぶところまではなかなかいかない様です。どうしても、音や動きのあるカラフルなおもちゃ、ぴかぴか光るおもちゃに興味が向いてしまうのです。どうしてでしょうか。それは、日本のおもちゃが悪いのではありません。乳幼児や障害を持った子供達は、a) 動きをまず最初に見る、b) 音を聞く、c) 色を見る、という様に、刺激のあるもの、見て触って面白いものが最初は好きなのです。例えば、積み木にしてもそうです。白木のもので遊ぶ様になるのは、赤、青、緑等のカラフルな積み木を卒業してからです。想像する力や空想が広がる年齢になれば、やはり、自然の暖かさが伝わる白木のおもちゃの良さも解ってくる筈です。

　成長と共に、子供達の興味は次から次へと変わっていきます。その興味の高まりを、大人達がきちんと見ることが大切です。大人の独り善がりや自己満足ではなく、子供達が目を輝かせて遊ぶおもちゃを知ることが必要です。そのためには、まず、大人が遊びの大切さを正しく理解しなければなりません。

　おもちゃ売り場で、おもちゃを買いに来る母親達に多い質問は、「何か勉強に役立つおもちゃはありませんか」「頭の良くなるおもちゃがあると聞いて来たのですけど」という感じのものです。我が子に出来るだけ知的なおもちゃを与えたいという気持ちは分かります。しかし、最初に親の願いや目的があって、子供の気持ちを後回しにするのは、おもちゃの本来の役割を考えていないからです。子供達を楽しくするのが最大の役目です。楽しいからこそ、おもちゃを使って遊ぶのであり、その遊びの中から、色々な物に対する興味が沸いてくるのです。学習や勉強への意欲も、その中から育ってくるに違いありません。

遊びの中から嬉しいおまけがうまれる

　ある障害施設の先生に小林氏が、「おもちゃで遊ぶ様になってから、子供達がとても嬉しそうに笑う様になったんですよ」と言ったそうです。すると、「子供が笑ったといっても、あなたは喜びますが、笑った後で、その子は何が出来ますか。ただ遊ぶだけの、それも目的のない遊びは無駄です」と答え

第4章　究極の裏技、レポート作成

が返って来たそうです。確かに、今の社会に少しでも適応出来る様に、療育や訓練を受けていくことは必要です。だからといって、目的のない遊びは無駄でしょうか。仮に、健常児であれば、この様なことを言われることはまずないと言っていいでしょう。障害児の遊びだけが無駄と言って否定されるのが、私はとても残念です。

　遊びが本当に楽しいものだと言うことを、子供達に知って欲しい。そのためには、大人達が色々なおもちゃが子供達の目に映り、手の触れやすい様にする役目があると思います。障害児は、健常児に比べ遊ぶ場所が限られているのですから。

　遊びの中から、今まで何も出来なかった子供が、思わず声を出したり、手で物を摑める様になる事があります。それは、子供の、素直な喜びの表現であり、うちに秘めていたエネルギーが燃え出した結果でもあるのです。夢中で遊ぶ子供には、必ずおまけが付くのです。遊びが与えてくれるおまけこそ、子供の成長を考える上で大切なのではないでしょうか。

　何かを学ぼうとする意欲の芽は、楽しい遊びの中に隠れているのです。しかし、主人公は子供であり、あくまでも、大人は、応援団であることを忘れてしまうと、その、おまけも消えてしまうかもしれません。また、おまけをおまけと見ず、初めから目的にしてしまうと、何も出来なかった時の悲しみは、あまりにも大きいのではないでしょうか。

小金井おもちゃライブラリーに行って来ました

・ライブラリーの歩み

　今から18年前の1980年10月おもちゃライブラリー&こども相談室の開所に向けて、10人前後の母親達で運動を開始しました。子供達のほとんどが、重度障害のメンバー達で、学校にあがると、療育面が足らなくなる事、何より、放課後の過ごし方に困り、又、当時は、学童には、障害児は入れてもらえなかったりして、「地域に子供が楽しく遊べる所はないだろうか」「個々の療育をしてくれる場所があれば」「悩みを相談出来る所が欲しい」等一人一人の思いが集まって、それなら、自分達で何かしてみようとスタートしたのでした。まず初めに、一人の指導者を見つけて来て、個別指導から始まり、場所は先生のアパートでした。10人足らずの親達が、自己負担で資金繰りをし、当時、1万5千円位だった障害手当てのうち1万円位を出し合っていました。又、教材やおもちゃは寄付して頂き、多くの善意に支えられてのスタートでした。その後、補助金対象にならないと発展していかない事から、1982年4月グループ指導を開始、週2回6人で開所しました。翌1983年6月Cランクとして補助金がおりました。

　それにより家賃が出せる様になり、本町に月3万円で家を借りる事が出来ました。(その後1985年12月にBランク、1988年3月にはAランクを受け、同年12月に現NSハウスへ移転、又、1986年にベビーグループの指導開始、1987年4月なにぬののグループが誕生します。)順調に、順調に発展して

来た発足後5年目の頃、その運営が、危機的状況に陥った事がありました。それまで、一人の人が全部を引っ張って来た為、意見や方針の違いから、ライブラリーを解体するか否かまで話が進み、その時、力のある方々は皆辞めてしまい、残った人達で力を合わせて立て直していきました。グループ活動は一人の力では限界があります。皆が関わり合い、支え合って今日の発展をみました。

バザーも当初から行っており、親の手作り品等を売っていました。資金集めだけでなく、この様な会があるという事を世間に知ってもらう意味も大きかった様です。

ライブラリーに限らず、今でこそ、当然の様に皆就学していますが、その歴史は30年に満たず当初その運動を行った方々は、学校に入れないまま卒業の年を迎えました。後に続く人達は、この様な先輩方が拓いて来た道を当然と思って通るのではなく、一つ一つ勝ち取ってきた苦労を知り思い起こす必要があります。ライブラリーもまだ20～30人位のうちは団結もあり繋がりも強かった様ですが、メンバーが大幅に増えた現在、会員同士の顔も見えなくなりつつあります。ですが、誰かがやってくれるという意識ではなく、一人一人が自主のグループであるライブラリーの主体者であることを忘れないで、その運営に関心を持ち、少しずつでも関わり合う様にする事が今後の課題です。

どの様なことを行っているのか

適切なおもちゃを使いながら、遊びを通して色々な諸機能を伸ばしていくための場所です。毎日の生活を生き生きと送る為の手助けをしています。おもちゃの貸し出しや、発達についての相談もしています。

学童グループは何をしているのか

リトミックを中心に行っています。音楽を通して皆が楽しめる場所となる様にしています。音楽を聴き、同時に音楽を目で見、即興のピアノ演奏にのって体全体の動きで自由な表現活動をしています。その他、運動遊び、調理、戸外活動も行っています。

乳幼児グループって何？

手遊び、楽器遊び、ペープサート等を使い音楽リズム、おもちゃ遊びの活動をしています。母と子の遊びやかかわりを通して、言葉の基礎となる力、物に向かう力を育てていきます。

個別指導は何をしているの？

言語、療育の専門スタッフが、個々の障害に応じて週1回1時間の指導をしています。おもちゃで遊びながら、楽しく手の動きを養い、よく見る力、物を吸う力を付け、又、人との交わりの中で言葉の発達を促していく取り組みをしています。

発達相談とはどの様な所か

月1回言葉や発達についての相談を行います。おもちゃ、親子、スタッフ

との遊びの様子を見ながら、お母さんと遊び、生活、発達について一緒に考えます。
実際に行ってみての感想
　8月30日、あらゆる所に、気が遠くなる程電話をし、やっと近場の小金井おもちゃライブラリーを探しあて行って来ました。

　最初にライブラリーにお邪魔して、雑談し活動内容をまとめたビデオを見させて頂きました。（このライブラリーに専門家として助言していらっしゃる先生は、私の高校の数学、部活顧問のお母様でした。）この日は、学齢期の子供達の日でしたので、1時30分頃ワゴン車に楽器他を積んで、緑センターの視聴覚室まで移動。そこに、5人程のボランティアの方が居ました。（音楽専門の人、学生等。）前半の部（2時15分〜4時）、後半の部（3時45分〜5時30分）に分かれています。2時過ぎになると、早速、小学1年生の男子が元気よく部屋に入って来て、挨拶する間もなく、男のボランティアさんに飛びついて行きました。ボランティアの方も、男の子を肩にのせたり逆さにしたりして一緒に遊んでいました。その後、3人の子供達が続々と来て、音楽に合わせて歌ったり、歩いたり、寝転がったりしていました。その音楽は、音楽の専門スタッフによる即興演奏ですが、スタッフ同士が絶えず目配せをして、子供達の調子に合わせているのが印象的でした。前半の部では、私は隅の方で見ているだけでした。おやつの時間を挟んで後半の部がスタート。後半の部は、中学生から高校生までの全員男子でした。前半と同様、隅で見ていると、中学生の男子が輪の中へ誘ってくれました。やはり、見ているだけでも楽しさは伝わりましたが、実際、輪の中に入って踊ったり、歌ったりするのは、本当に楽しかったです。この、男子に救われた様な気になりました。あっという間に時間が過ぎ、さよならの時間です。その、中学生の男子が他のボランティアの方に、私は、もう来ないのかと尋ねているのには胸を打たれました。

　ボランティア職員は、ライブラリーに戻り本日の反省会を行います。話を聞いていると、本当に一人一人の状態や顔の表情等を細かく見ており、それによって、アプローチの仕方を変えているという事がとても印象的で感動しました。そして、レクリエーションへの情熱が沸いてきた様に思います。
音楽の専門スタッフの方にもお話を聞きました
＊リトミック
　この、小金井おもちゃライブラリーにおいては、音楽療法ではなく、どちらかと言うとリトミックの方法をとっています。リトミックとは、簡単に言うと、音楽を体や楽器を使って体験し身体表現することだそうです。音楽療法と違う点は、音楽療法の場合は、細かく目的を設定し、それをクリアすることで初めて意義が生まれます。確かに、それも成果の1つではあります。しかし、ここでは特に目的を設定している訳でもないので、具体的な成果が目に見える様に現れたかということは分かりません。が、今まで個人個人で

音楽を聞いて楽しんでいた子供達が徐々に、隣の子と手をつないで歌ってみたり、という様な、メンバー同士の歩み寄りがみられて来たそうです。つまり、ここは、障害児にとって数少ない社会的な場でもあるのです。そして、スタッフもボランティアも肩の力を抜いてリラックスして子供達に接しています。

　うまく行かない時はどの様な時かと尋ねてみたところ、子供からのシグナルを受け止められない時だそうです。その様な時は、子供達とスタッフの心はすれ違ったままで、お互いに違和感を持ったまま終わってしまい子供達は満足しないでしょう。ですから、スタッフやボランティアの方は、子供達の表情、態度を一つ一つ細かく見てピアノの音の調子を変えてみたり、使う楽器を変えてみたりするそうです。確かに、1通り1日のプログラムが終了してから反省会の様子を見ていても、スタッフもボランティアの方も「○○ちゃんはいつもと違って○○だったから○○してみたよ」等と言う会話が聞かれました。そして、何よりも気を付けている事は、健康管理だそうです。

　自分の体の調子が悪いと、子供達に目を配るどころではありません。又、自分で組み立てて入れていくので時間の使い方等にも気を使うそうです。様々な反省を経て、今年から、毎回必ずレポートを書くことにしたそうです。自分から見て子供達の様子はどうであったか、ボランティアから見て子供達はどうであったかを記録する事によって反省点が見えやすく、子供達に合わせたプログラムも立て易くなったそうです。

　1週目は見学、ボランティア、2週目は学校の補講が終わった後に、音楽のスタッフの方にお話を聞きに行きましたが、障害児やボランティア、先生、スタッフの出会いを通して、障害児は本当に可愛かったし、ボランティア、スタッフ、先生皆いい人達でとても親切にして頂きました。特に、ボランティアの中にいた、私と1つ違いの大学1年生のボランティアの方が、子供達に対する対応が本当に優しさに溢れていて、「同年代にもこの様な人がいるのだなぁ」と感動したと同時にとても勇気付けられました。

最後に

　夏休み中に、色々な福祉関係の本を読みました。その中で、浜田寿美男氏の「ありのままを生きる」を読み、深く共感しました。

　その本の中にも書いてありましたが、健常者は障害者に対し（この場合、知的障害者に限定する）世間の常識でもって「おかしい」と決め付け、同化主義の方針に立ってひたすら矯正に乗り出したのでは、彼等のありのままの姿というのは否定され、押し潰されてしまいます。健常者の中にも、何かに拘っている人はいると思いますが、何らかの理由はあるはずです。彼等の行動もこれと同じで何らかの理由はあるのです。例えば、障害を持つ子供達は1度や2度は、療育という名目で嫌がるのを無理矢理訓練をさせられた事があると思います。これも、一種の同化主義の方針に立って、ひたすら矯正に

乗り出す例であると言えると思います。障害児が負う心の傷は、私達が想像する以上に深いでしょうし、大人に対し、極度に恐怖心を持ってしまう恐れがないとは言えません。

　私は遊びを通して、障害者に楽しさというものを感じて欲しいのです。確かに、親は自分の子供に障害があるという事を知った瞬間、しばし、冷静に判断する事が出来なくなり、ネガティブ志向になってしまいがちです。そして、少しでも健常児に近付いて欲しいと思い療育に明け暮れるのです。自分の子供に障害があるという事を受け入れる事は容易ではありません。しかし、親が受け入れてあげられなくて、誰が受け入れる事が出来ますか。やはり、最初は親ではないでしょうか。又、地域全体で受け入れる事も必要です。ですから、障害を持つ子供の親の相談に乗ったり、障害児と一緒に遊ぶボランティアが必要不可欠なのです。この様な点においても、おもちゃライブラリーは、子供達にとっても、親にとっても交流の場でもあります。時間が終わるまで、母親同士でおしゃべりしている姿も見られました。この様にして、障害児の親同士で悩みを話したり、情報交換をする事によって、徐々に子供の障害を受け入れていく事が出来るでしょうし、仲間意識も芽生え、力付けられるでしょう。この様な、おもちゃライブラリーが、地域に最低１つは欲しいものです。おもちゃライブラリーは、障害児のノーマライゼーションを促す１つの手だてであると思います。そして遊びの楽しさを障害児に知ってもらう事は決してマイナスになる事はないと確信しています。

Comment 「勝手レポート」から伝わる熱意と意欲

　さらに大作です。実例㉙と同様、「勝手レポート」で、特に大学側から求められているものではありません。このレポートの最大の特徴は、新しい試みに挑んでいる施設を自分で探し出し、それを紹介しているという点です。

　これもやはり、新聞→書籍→大学情報、という流れの中で見つけたテーマで、本当に本人の志望、やりたいことと合致するものでした。実際のレポートには、巻末に「おもちゃ作品」の写真が添付され、見るだけでも楽しいレポートになっていました。

　施設自体はかなりマニアックなものですが、福祉の専門家たちの間では、知る人ぞ知る、というものだったのです。実際に、大学の

教員たちはこのレポートに高い評価をつけました。読んでみるとわかりますが、当然のことだといえます。

　これは後日談ですが、このレポート作成者が試験に挑んだとき、面接官はあまり積極的に質問しなかったそうです。不思議に思ったこの受験生は、思いきって「どうして質問をしてくれないのか」と聞いてみたそうです。そのときの教授の答えは、「志望理由書の他にレポートなど多くのものが同封されていて、熱意も意欲も十分に伝わってきたから、今ここで具体的に聞くことがない」というものでした。決して嫌味ではなく、談笑の中で述べられたこの言葉の背後には、合格通知がちゃんと存在しました。

　この受験生は相当にインパクトがあったのか（キャラクターではなく、レポートによるインパクト）、入学後もこの教授にずいぶん声をかけられたそうです。このレポートを見ると、なるほどそれもうなずけるものです。

ここに注目

❶ 具体的な新しい試みをしている施設に実際に足を運んでいる。

❷ 障害者のケアの世界で欠けている部分を批判的に取り上げている。

❸ データを豊富に取り入れている。

❹ 写真も添付している（本書では省略しています）。

❺ ボランティア体験のプレゼンテーションにもなっている。

　→ただし、単なるボランティア体験の提示ではない。

自分のやりたいことを選び、深く広い視野で

　さて、本書の訴える志望理由書対策はここまでです。多くの対策と共に、公募制推薦・AO入試の実態が少しでも伝われば、という思いが、本書にはこめられています。

　実際、総合教育の成果で、公募制推薦の世界には驚くべき受験生が着々と増えています。「勝手レポート」なども、もともとは勇気ある一生徒が始めたことで、本書ではその経験を志望理由書対策の一貫として解説しているに過ぎません。発信源は全て勇気ある生徒たちの具体的な試みなのです。そして、注目すべきはそのような傾向を持つ受験生が確実に増えているという点です。このことに気づいていない大人は、実にたくさんいます。

　単に「レポートを書け」と言っても、ほとんどの人は書きません。単に「志望理由書を書け」と言っても、多くの人は上手く書くことができません。

　しかし、「**何を書くべきか選んだ上で書け**」と言うと、ほとんどの高校生が楽しいと感じながら書き続けます。大作のレポートも、公募制推薦の合格通知が出てから、どこに提出するためのものでもなく、書き始めたりする人も少なくありません。なぜかと言えば、端的に言って楽しいからです。自分のやりたいことを選んだ上で書くならば、強烈な量のレポートも、その書き直しも、それほど苦にならなかったりするのです。

　不思議なような気もしますが、考えてみれば当たり前のことです。現代の受験生は、進学に関しては、選ばれることに夢中で、全然選んでいない状況にあります。選ばなければがんばれない——なるほど、これもまた一面の真実を表現しているように思います。

　ならば、学校の勉強の意味とは何でしょう。強制的にやらされるのが学校の勉強で、そこに選択の余地はほんの少ししかありません。

しかし一方で、あまりにも自分の好きなこと、楽しいことばかりをやり過ぎるのも問題です。少しは強制的に物事と接する機会がなければ、自分の関心の輪が広がることはありません。むしろ、一つの拠点を持ってさまざまな知識に触れることで、思わぬ広がりが得られるものです。自分のレポートを傍らに学校の勉強に向かうと、何かの科目の中で、新しい鮮やかな切り口を見つけるかもしれません。

一つのことを深く知ると、別のこともわかったりするものなのです。そして、この何かを深く知るきっかけが志望理由書であり、レポート作成であったりするのです。

すでに入試対策という次元を超えているようですが、このようなマインドで入試にのぞむと必ず成功します。目先の損得で右往左往せず、じっくり構え、深く広い視野で志望理由書、自己推薦書、（勝手）レポートを書き上げて下さい。もちろん、提出期限があるものなので、いつまでものんびりしているというわけにもいきませんが、自分の心の奥底をのぞき込むように、これらの対策に取りかかってくれたらと思います。

第4章　究極の裏技、レポート作成

参考 推薦図書一覧

●『AERA Mook』(アエラムック)(朝日新聞社)●

※お問い合わせは、編集部（TEL03-5540-7846　FAX03-5541-8829)へ。

人文科学系

『人類学がわかる』『考古学がわかる』『幕末学のみかた』『精神分析学がわかる』『旧約聖書がわかる』『親鸞がわかる』『日本語学のみかた』『源氏物語がわかる』『万葉集がわかる』『童話学がわかる』『シェイクスピアがわかる』『歴史学がわかる』『元禄時代がわかる』『宗教学がわかる』『新約聖書がわかる』『外国語学がわかる』『民俗学がわかる』『平家物語がわかる』『漱石がわかる』『地理学がわかる』『新心理学がわかる[現場から]』『仏教がわかる』『日本史がわかる』『司馬遼太郎がわかる』『日本神話がわかる』『村上春樹がわかる』『現代哲学がわかる』『文化学がわかる』『キリスト教がわかる』『古代史がわかる』『日本語文章がわかる』『新版 心理学がわかる』『新版 哲学がわかる』

教育系

『スポーツ学のみかた』『人間科学がわかる』『新版 教育学がわかる』『健康学がわかる』『大学改革がわかる』『勉強のやり方がわかる』

社会科学系

『アジア学のみかた』『法律学がわかる』『新国際関係学がわかる』『マルクスがわかる』『憲法がわかる』『金融がわかる』『犯罪学がわかる』『新マスコミ学がわかる』『観光学がわかる』『平和学がわかる』『新版 社会福祉学がわかる』『新版 政治学がわかる』『法科大学院がわかる』『新版 社会学がわかる』『新版 経済学がわかる』『コミュニケーション学がわかる』『新版 経営学がわかる』『福祉士になる』『外資系で働く』『マスコミに入る』

理工系

『数学がわかる』『工学がわかる』『物理がわかる』『新版 建築学がわかる』

自然科学系

『動物学がわかる』『生命科学がわかる』『天文学がわかる』『頭脳学のみかた』『生物学がわかる』『農学がわかる』『気象学のみかた』『恐竜学がわかる』『植物学がわかる』『地震がわかる』

医療系
『精神医学がわかる』『看護学がわかる』『死生学がわかる』『医療福祉学がわかる』
家政系
『生活科学がわかる』『家族学のみかた』『恋愛学がわかる』『食生活学がわかる』『ジェンダーがわかる』
芸術系
『芸術学がわかる』『ファッション学のみかた』『コミック学のみかた』『音楽がわかる』『歌舞伎がわかる』『アメリカ映画がわかる』『ニッポンのデザイナー100人』『ニッポンをデザインした巨匠たち』
総合政策系
『マルチメディアがわかる』『情報学がわかる』『新版 環境学がわかる』

●『メタルカラーの時代』山根一眞著（小学館）●

『メタルカラーの時代4』目次

第1章 大災害の教訓
阪神・淡路大震災[阪神高速]20か月の空前復旧工事
　　　　　　　　　　　　　　　　　　　　阪神高速道路公団
大震災の神戸で被害ゼロ[耐震継ぎ手]の水道管路　クボタ
阪神・淡路大震災86万戸の[都市ガス復旧]　大阪ガス
3年で完了目指す首都高速道路の[耐震補強工事] 首都高速道路公団
既存ビルの地震対策[あとから制震、居ながら工事]　鹿島
特級の地震対策[天然ゴム＋鉄板]の免震理論 日本免震研究センター
ナホトカ号事件で注目[流出油回収装置] の独創　テーシーシー

第2章 モノ作りの舞台
1時間に250キログラム[炒り卵自動製造機]の温度加減
　　　　　　　　　　　　　　　　　　　　　　　スエヒロEPM
世界一を独走[複合工作機械]の名誉獲得の道　松浦機械製作所
世界最高の工具鋼・安来鋼の原点[たたら製鉄]　和鋼博物館
「角度の原器」作りも目指す[角度センサ]の製造　多摩川精機
世界一の鋼板製造設備を駆使する[巨大製鉄所]の進化
　　　　　　　　　　　　　　　　　　　　　新日鐵広畑製鐵所

15トンの鋼板を毎日600本生産[熱延工場]の世界一
                                    新日鐵広畑製鐵所
高さ25メートル団地のような設備を操る鋼板の[冷延工場]
                                    新日鐵広畑製鐵所
全世界の省エネに必須素材[電磁鋼板]製造の自信
                                    新日鐵広畑製鐵所
製鉄所の生産トラブル防止の鍵こそ[メンテナンス]
                                    新日鐵広畑製鐵所
[電子基板]の超ミニ部品「世界規格」実現の熱き志 TDK

第3章 美しき大科学
時速360キロで地下710メートルへ[無重力実験施設]
                              地下無重力実験センター
地下突進カプセルを停止[エアーダンピング・ブレーキ] 三井造船
砂時計の砂が宙で停止する[地下なる宇宙開発]
                              石川島播磨重工業/宇宙船
猛落下カプセル完全生中継[光通信システム] 東芝
世界一美しい炎の[燃焼メカニズム実験]秘話 北海道大学
人類が初めて手にした巨大な眼[スプリング8]
                              高輝度光科学研究センター
日本科学力の勝利[スプリング8]で世界的成果 愛媛大学
和歌山ヒ素カレー事件の謎を解いた[スプリング8] 東京理科大学

第4章 音と光のデジタル世紀
デジタルオーディオの創造主[CD誕生]までの洒脱なる日々 ソニー
超微細標的の狙撃手[音楽用CD]を読む技術 ソニー
テレビ局技術者も感銘させた高感度[デジタルビデオカメラ]
                                        松下電器産業
苦節20年投資額100億円[デジタルビデオテープ]の実現
                                        松下電器産業
凸凹10万分の1ミリ以内[デジタルテープ用樹脂フィルム] 東レ
冷蔵庫大回路から開発[デジタルビデオカメラ] ソニー

第5章 百年目のメタルカラー都市
神の意志を読み創造するタービン軸[巨大ハガネ] 日本鋳鍛鋼

荷揚げ日数を短縮[鉄鉱石掻き出しロボット] 石川島播磨重工業
[溶鉱炉の発想でゴミ溶融]に取り組む男意気 新日本製鐵
脳汁が出る思いで開発した超小型[宇宙の高炉]
　　　　　　　　　　　　　アドバンストスペーステクノロジー
産業界騒然の大発明[光触媒超親水性技術] TOTO
工業の基礎中の基礎[モーター]の技術開発史 安川電機
1500人が足で全日本を調査の[住宅地図] ゼンリン
日本工業発展の秘密と[アジア貢献]への思想
　　　　　　　　　　　　　　　　北九州国際技術協力協会
公害克服で国連環境賞を2回受賞した工業都市 北九州市長

第6章 大自然に学ぶ感性

日本の高度技術で貢献[アマゾンナマズ資源調査]
　　　　　　　　　　　　　　　　　　　三洋テクノマリン
保護か開発か[アマゾン漁業資源調査]の新思想 三和商事
高付加価値[熱帯雨林遺伝子資源]で環業革命へ 瀬古商会
皆伐熱帯雨林再生で[森林農業]確立の自然技術
　　　　　　　　　　　　　　　　　トメアスー農業協同組合
自然保護の新しい意識の象徴アマゾン[群馬の森]
　　　　　　　　　　　　　　　　　　　　在北伯群馬県人会
密林のメタルカラー[小野田寛郎少尉]の技術力 小野田自然塾
強力伝染病[O-157]ウイルスの出身は赤痢菌 ウイルス学者

●各種白書●

『公務員白書』『公益法人白書』『観光白書』『男女共同参画白書』『障害者白書』『原子力白書』『原子力安全白書』『警察白書』『公害紛争処理白書』『青少年白書』『高齢化社会白書』『交通安全白書』『規制緩和白書』『行政管理・総合調整白書』『防衛白書』『経済白書』『国民生活白書』『世界経済白書』『科学技術白書』『環境白書』『首都圏白書』『防災白書』『土地白書』『犯罪白書』『外交白書』『我が国の文教政策』『通商白書』『中小企業白書』『運輸白書』『海上保安白書』『建設白書』『地方財政白書』『消防白書』『通信白書』

巻末付録① 新聞ファイルリスト

日付	見出し	一言内容説明
／ 朝・夕		
／ 朝・夕		
／ 朝・夕		
／ 朝・夕		
／ 朝・夕		
／ 朝・夕		
／ 朝・夕		
／ 朝・夕		
／ 朝・夕		
／ 朝・夕		

一言感想	評価

巻末付録② **書籍ファイルリスト**

No.	書名	著者・出版社

一言感想	評価

おわりに

「本書の正しい使い方」で「**モノマネ絶対禁止**」と強く述べましたが、その理由は大変単純なものです。それは、この本がどれだけの読者の目に触れているかということです。

本書が、ひっそりと書店の隅(すみ)に目立つことなく存在していれば大丈夫でしょう。それはあまり読者を獲得していない証拠です。しかし、その逆であればどうでしょう。もし「モノマネ」をして提出した場合、恐いのは、そっくりそのまま同じような内容を持つ志望理由書が、同時に大学に届いてしまう可能性があるということです。つまり、「モノマネ」をするのは、1人だとは限らないのです。

全国のどこか別の場所に住む別の受験生が、今まさに同じ「実例」を「モノマネ」しようとしているかもしれません。そして、大学の教員が審査する際、目の前に全く同じ内容の志望理由書が存在した場合、どうするでしょう。おそらく、両者とも不合格です。自分の言葉で述べていない志望理由書だと発覚した段階で、即座(そくざ)に選考から外されていくのが目に浮かびます(あるいは、面接で涙が出るまで突っ込まれます)。

全国の別の誰かが同じ「実例」を「モノマネ」することを禁ずることなどできません。ならば、「モノマネ」は一切止(や)めましょう。時間がなくともできることはたくさんあります。

さらにもう一つ、注意点を挙げておきます。それは、**ほとんどの場合、志望理由書は面接とセットになっている**という点です。志望理由書をいくら上手く書いても(あるいは上手く書けば書くほど)、面接での対応が甘いと評価を下げられます。特に、志望理由書の内容が良いほど「突っ込み」の過激さが増し、本当に泣かされたりします(目撃例は多い)。

となると、面接がある場合は、本書とペアを為(な)す『**一目でわかる面接ハンドブック**』も熟読するべきです。面接には面接のポイントがあり、これも一般的な面接対策と一線を画(かく)した、かなり大胆な提言となっています。本書の内容を踏まえて『一目でわかる面接ハンドブック』を読むと、対策が一足飛びに進むので実に効果的です。そして、この２冊で、頭の中も、話す内容も大胆に変えてしまって下さい。充実感や面白さは格別なものがあります。

　さて、本書の内容については、私にはもう話すべきことはありません。しかし、最後に一つ、どうしても言わなければならないことがあります。それは、本書に「実例」として取り上げることを快(こころよ)く承諾(しょうだく)してくれた、かつての生徒のみなさんへの感謝の念の表明です。
　近年の生徒たちには驚かされることが多く、本書の中でも述べていますが、私のアドバイスは基本的に受験生の誰かが勇気をもって試みて、評価されたことを、全体に向けて紹介しているだけです。つまり、本書で紹介された対策は、私の頭の中で考えられたものではなく、全て受験生によって現実に実践されているものばかりだということです。数年前までは、こんなことをして大丈夫か？と疑問を持つこともありましたが、合格率の高さから、今では「どんどん行け行け」と笛(ふえ)や太鼓(たいこ)を鳴らしている始末です。実際、生徒たちが次々と変貌していくところを見ると、偏差値教育って何だろう？？と強い疑問が浮かんできます。

　「学力低下」など、愚(おろ)かな大人の妄想(もうそう)に過ぎません。そもそも誰もが「学ぶ力」を隠し持っており、それが今、目の前に現れていないならば、掘り起こせばいいだけです。それは、本書の立場からすれば、決して難しいことではありません。

あまりにも多すぎる選択肢を前にして、現代の受験生はめまいを感じています。こんなに複雑な学部・学科のラインナップから自分の進むべき専門領域を発見するのは困難だ、とも感じています。
　しかし、教育に関わる人々は、その困難をどう乗り越えるかということについて何のアドバイスもしません。昔の、単純な学部選択しか経験していない大人たちは、現代の「選べない、選びにくい」進路の現実に気がついていません。これは全く鈍感なことで、「学力」とは言わないまでも、何らかの「力」が低下しているのは、むしろ大人の方だともいえます。

　結局、このことに気づかせてくれたのは、多くの受験生たちの「勇敢」な実践でした。それはまさに感動的なほどで、この「勇敢」さは賞賛に値します。

　大学は今、多くの批判にさらされていますが、推薦・AO入試を通じて「良い学生」に合格通知を送りたいと考え、改革を進めている大学は今や、その改革が実を結ぼうとしています。それらの大学には、偏差値のランクを超えた力が感じられます。ならば、今の偏差値ランクもある意味で幻です。
　自分の思いを掘り起こし、自分の入るべき大学をしっかりと選択する——この努力が、単語を暗記したり、公式を覚えたりすることの後回しにされてしまうような社会に、生き生きとした可能性が果たして芽吹くでしょうか。

　もちろん、現実はいまだ流動的です。しかし一方で、私は本書で紹介した「勇敢」な受験生を数多く知っています。そして、「勇敢」さは現実を変える力を持つとも信じています。私は、多くの受験生がこういった「力」を持つよう願って止みません。

豊かな社会に生きる私たちは、自分のために学ぶのではなく、他人のために学ぶ——このことも受験生がその意欲を剥き出しにする数多くの志望理由書（失敗作も含め）を通して学んだことでした。学んだのは受験生ではなく、私の方だったかもしれません。そして、だからこそ、次のように言います。

協力してくれたみなさん、本当にありがとう。そして、受験生のみなさん、ぜひがんばって自分の進むべき道を探し、深めて下さい。

　本書の内容の他に言うべきことは、ただこれだけです。

河本敏浩

大好評発売中！ 究極の推薦・AO入試対策参考書!!

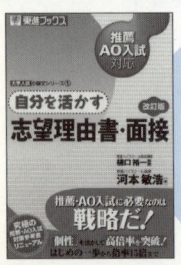

大学入試小論文シリーズ①　推薦・AO入試対応
自分を活かす 志望理由書・面接
[改訂版]

樋口裕一 監修　河本敏浩 著（定価：本体850円＋税）

新しい入試の形態やその背景にあるもの、大学側の姿勢・考え方＝審査基準など、推薦・AO入試の全体像が一望できる１冊。受験生必読！

小論文対策ならこちら↓　書き方が基礎から学べて知識も身につく！

■大学入試小論文シリーズ②
推薦小論文10日間攻略[改訂版]

■大学入試小論文シリーズ④　難関大対策
目からウロコの社会系小論文[改訂版]

■大学入試小論文シリーズ③　難関大対策
短期完成！人文系小論文[改訂版]

■大学入試小論文シリーズ⑤　推薦・一般
正しい愛を考える看護・医療・福祉系小論文[三訂版]

大学受験
一目でわかる 志望理由書ハンドブック

2002年7月5日　初版発行
2017年1月27日　第15版発行

著者●河本敏浩
発行者●永瀬昭幸
　　　（編集担当　中島志保）
発行所●株式会社ナガセ
　　　〒180-0003　東京都武蔵野市吉祥寺南町1-29-2
　　　出版事業部　TEL 0422-70-7456／FAX 0422-70-7457
カバーイラスト●KUNTA
カバーデザイン●On Graphics
本文イラスト●ツダタバサ
本文デザイン・DTP●パシフィック・ウイステリア
印刷・製本●図書印刷株式会社

©Toshihiro KAWAMOTO
Printed in Japan
ISBN978-4-89085-259-8 C7381

落丁・乱丁本は、小社出版事業部宛にお送りください。
送料小社負担にてお取りかえ致します。

東進ブックス

編集部より

この本を読み終えた君に オススメの3冊！

推薦・AO入試で勝つには「攻めの面接」しかない！30学部・学科の実例を通して学ぶ、究極の面接対策!!

高倍率を突破する戦略を伝授！ 志望理由書の典型例や個性を活かす情報収集法など、役立つ情報が満載!!

看護・医療・福祉系小論文で必要となる専門知識、読解力、書き方を、1冊で完全攻略！
（添削課題つき）

体験授業

東進の実力講師陣の授業を受けてみませんか？

東進では有名実力講師陣の授業を無料で体験できる『体験授業』を行っています。
「わかる」授業、「完璧に」理解できるシステム、そして最後まで「頑張れる」雰囲気を実際に体験してください。

※1講座(90分×1回)を受講できます。
※お電話でご予約ください。
　連絡先は付録9ページをご覧ください。
※お友達同士でも受講できます。

東進の合格の秘訣が次ページに

合格の秘訣1 全国屈指の実力講師陣

ベストセラー著者のなんと7割が東進の講師陣!!

東進ハイスクール・東進衛星予備校では、そうそうたる講師陣が君を熱く指導する!

本気で実力をつけたいと思うなら、やはり根本から理解させてくれる一流講師の授業を受けることが大切です。東進の講師は、日本全国から選りすぐられた大学受験のプロフェッショナル。何万人もの受験生を志望校合格へ導いてきたエキスパート達です。

英語

安河内 哲也 先生 [英語]
数えきれないほどの受験生の偏差値を改造、難関大へ送り込む!

今井 宏 先生 [英語] 
予備校界のカリスマ講師。君に驚きと満足、そして合格を与えてくれる

渡辺 勝彦 先生 [英語] 
「スーパー速読法」で、難解な英文も一発で理解させる超実力講師!

宮崎 尊 先生 [英語] 
雑誌『TIME』の翻訳など、英語界でその名を馳せる有名実力講師!

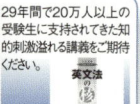

西 きょうじ 先生 [英語] 
29年間で20万人以上の受験生に支持されてきた知的刺激溢れる講義をご期待ください。

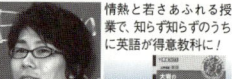

大岩 秀樹 先生 [英語]
情熱と若さあふれる授業で、知らず知らずのうちに英語が得意教科に!

数学

志田 晶 先生 [数学] 
数学科実力講師は、わかりやすさを徹底的に追求する

長岡 恭史 先生 [数学] 
受講者からは理Ⅲを含む東大や国立医学部など超難関大合格者が続出

沖田 一希 先生 [数学] 
短期間で数学力を徹底的に養成。知識を統一・体系化する!

付録 1

WEBで体験

東進ドットコムで授業を体験できます！
実力講師陣の詳しい紹介や、各教科の学習アドバイスも読めます。
www.toshin.com/teacher/

国語

板野 博行 先生 [現代文・古文]
「わかる」国語は君のやる気を生み出す特効薬

出口 汪 先生 [現代文] 
ミスター驚異の現代文。数々のベストセラー著者としても超有名！

吉野 敬介 先生 [古文] 
予備校界の超大物が東進に登場。ドラマチックで熱い講義を体験せよ

富井 健二 先生 [古文] 
ビジュアル解説で古文を簡単明快に解き明かす実力講師

三羽 邦美 先生 [古文・漢文] 
縦横無尽な知識に裏打ちされた立体的な授業に、グングン引き込まれる！

樋口 裕一 先生 [小論文] 
小論文指導の第一人者。著書『頭がいい人、悪い人の話し方』は250万部突破！

理科

橋元 淳一郎 先生 [物理]
橋元流の解法は君の脳に衝撃を与える！

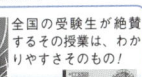

田部 眞哉 先生 [生物]
全国の受験生が絶賛するその授業は、わかりやすさそのもの！

地歴公民

荒巻 豊志 先生 [世界史]
"受験世界史に荒巻あり"と言われる超実力人気講師

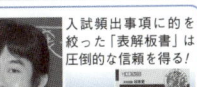

金谷 俊一郎 先生 [日本史] 
入試頻出事項に的を絞った「表解板書」は圧倒的な信頼を得る！

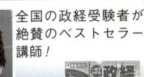

清水 雅博 先生 [公民]
全国の政経受験者が絶賛のベストセラー講師！

合格の秘訣2 革新的な学習システム

東進には、第一志望合格に必要なすべての要素を満たし、抜群の合格実績を生み出す学習システムがあります。

映像による授業を駆使した最先端の勉強法
高速学習

一人ひとりの
レベル・目標にぴったりの授業

東進はすべての授業を映像化しています。その数およそ1万種類。これらの授業を個別に受講できるので、一人ひとりのレベル・目標に合った学習が可能です。1.5倍速受講ができるほか自宅のパソコンからも受講できるので、今までにない効率的な学習が実現します。
（一部1.4倍速の授業もあります。）

1年分の授業を
最短2週間から1カ月で受講

従来の予備校は、毎週1回の授業。一方、東進の高速学習なら最短2週間から1カ月程度で修了可能。だから、1年分の授業も最短2週間から1カ月程度で修了可能。先取り学習や苦手科目の克服、勉強と部活との両立も実現できます。

現役合格者の声

東京大学 理科Ⅰ類
吉田 樹くん

東進の高速学習なら部活がない時や学校が休みの時にたくさん講座を受講できるので、とても役に立ちました。受験勉強を通じて、早期に勉強を始めることが重要だと強く感じました。

先取りカリキュラム（数学の例）

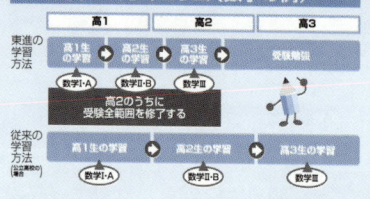

	高1	高2	高3
東進の学習方法	高1生の学習（数学Ⅰ・A）	高2生の学習（数学Ⅱ・B）	高3生の学習（数学Ⅲ） → 受験勉強

高2のうちに受験全範囲を修了する

| 従来の学習方法（国公立大学志望） | 高1生の学習（数学Ⅰ・A） | 高2生の学習（数学Ⅱ・B） | 高3生の学習（数学Ⅲ） |

目標まで一歩ずつ確実に
スモールステップ・
パーフェクトマスター

自分にぴったりのレベルから学べる
習ったことを確実に身につける

高校入門から超東大までの12段階から自分に合ったレベルを選ぶことが可能です。「簡単すぎる」「難しすぎる」といった無駄がなく、志望校へ最短距離で進みます。
授業後すぐにテストを行い内容が身についたかを確認し、合格したら次の授業に進むので、わからない部分を残すことはありません。短期集中で徹底理解をくり返し、学力を高めます。

現役合格者の声

早稲田大学 国際教養学部
竹中 蘭香さん

毎回の授業後にある確認テストと講座の総まとめの講座修了判定テストのおかげで、受講が終わってもほったらかしになりませんでした。授業内容を定着させやすかったです。

パーフェクトマスターのしくみ

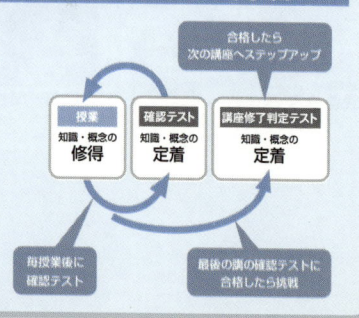

合格したら次の講座へステップアップ

授業（知識・概念の**修得**） → 確認テスト（知識・概念の**定着**） → 講座修了判定テスト（知識・概念の**定着**）

毎授業後に確認テスト　／　最後の週の確認テストに合格したら挑戦

付録 3

個別説明会

全国の東進ハイスクール・東進衛星予備校の各校舎にて実施しています。
※お問い合わせ先は、付録9ページをご覧ください。

徹底的に学力の土台を固める

高速基礎マスター講座

高速基礎マスター講座は「知識」と「トレーニング」の両面から、科学的かつ効率的に短期間で基礎学力を徹底的に身につけるための講座です。文法事項や重要事項を単元別・分野別にひとつずつ完成させていくことができます。インターネットを介してオンラインで利用できるため、校舎だけでなく、自宅のパソコンやスマートフォンアプリで学習することも可能です。

現役合格者の声

上智大学 理工学部
杉原 里実さん

「高速基礎マスター講座」がおススメです。短い期間で一気に覚えることができるだけでなく、さらにスマートフォンでも学習できるので、とても便利でした。

東進公式スマートフォンアプリ
■**東進式マスター登場!**
（英単語／英熟語／英文法／基本例文）

スマートフォンアプリですき間時間も徹底活用!

1) スモールステップ・パーフェクトマスター!
頻出度（重要度）の高い英単語から始め、1つのSTEP(計100語)を完全修得すると次のSTAGEに進めるようになります。

2) 自分の英単語力が一目でわかる!
トップ画面に「修得語数・修得率」をメーター表示。自分が今何語修得しているのか、どこを優先的に学習すべきなのか一目でわかります。

3)「覚えていない単語」だけを集中攻略できる!
未修得の単語、または「My単語（自分でチェック登録した単語）」だけをテストする出題設定が可能です。
すでに覚えている単語を何度も学習するような無駄を省き、効率良く単語力を高めることができます。

「新・英単語センター1800」

君を熱誠指導でリードする

担任指導

志望校合格のために
君の力を最大限に引き出す

定期的な面談を通じた「熱誠指導」で、生徒一人ひとりのモチベーションを高め、維持するとともに志望校合格までリードする存在、それが東進の「担任」です。

現役合格者の声

慶應義塾大学 法学部
成田 真惟子さん

担任の先生は受験についてのアドバイスだけでなく、将来の夢を見据えて受験することの意味も教えてくださいました。受験期に辛くなった時には励ましていただき、とても心強かったです。

合格の秘訣 3 東進ドットコム

ここでしか見られない受験と教育の情報が満載！
大学受験のポータルサイト

www.toshin.com

東進 検索

東進公式Twitter @Toshincom
東進公式Facebook www.facebook.com/ToshinHighSchool

スマートフォン版も充実！

東進ブックスのインターネット書店
東進WEB書店

ベストセラー参考書から
夢ふくらむ人生の参考書まで

学習参考書から語学・一般書までベストセラー＆ロングセラーの書籍情報がもりだくさん！ あなたの「学び」をバックアップするインターネット書店です。検索機能もグンと充実。さらに、一部書籍では立ち読みも可能。探し求める1冊に、きっと出会えます。

付録 5

スマートフォンからもご覧いただけます
東進ドットコムはスマートフォンから簡単アクセス！

最新の入試に対応!!
大学案内

偏差値でも検索できる。検索機能充実！

東進ドットコムの「大学案内」では最新の入試に対応した情報を様々な角度から検索できます。学生の声、入試問題分析、大学校歌など、他では見られない情報が満載！登録は無料です。
また、東進ブックスの「新大学受験案内」では、厳選した185大学を詳しく解説。大学案内とあわせて活用してください。

Web / Book
難易度ランキング　50音検索

185大学・最大22年分の過去問を無料で閲覧
大学入試過去問データベース

君が目指す大学の過去問をすばやく検索、じっくり研究！

東進ドットコムの「大学入試問題 過去問データベース」は、志望校の過去問をすばやく検索し、じっくり研究することが可能。185大学の過去問をダウンロードすることができます。センター試験の過去問も最大22年分掲載しています。登録・利用は無料です。志望校対策の「最強の教材」である過去問をフル活用することができます。

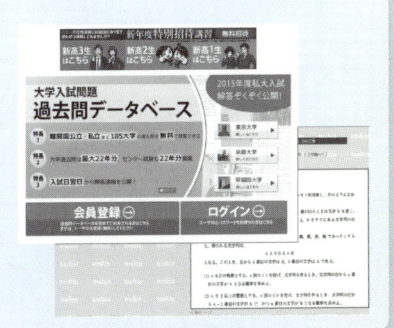

学生特派員からの
先輩レポート

東進OB・OGが生の大学情報をリアルタイムに提供！

東進から難関大学に合格した先輩が、ブログ形式で大学の情報を提供します。大勢の学生特派員によって、学生の目線で伝えられた大学情報が次々とアップデートされていきます。受験を終えたからこそわかるアドバイスも！受験勉強のモチベーションUPに役立つこと間違いなしです。

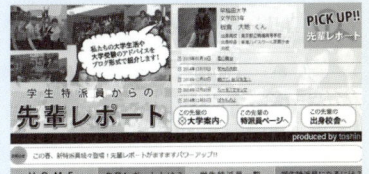

付録 6

合格の秘訣 4 東進模試

申込受付中
※お問い合わせ先は付録9ページをご覧ください。

学力を伸ばす模試

「自分の学力を知ること」が受験勉強の第一歩

「絶対評価」×「相対評価」のハイブリッド分析
志望校合格までの距離に加え、「受験者集団における順位」および「志望校合否判定」を知ることができます。

入試の『本番レベル』
「合格までにあと何点必要か」がわかる。早期に本番レベルを知ることができます。

最短7日のスピード返却
成績表を、最短で実施7日後に返却。次の目標に向けた復習はバッチリです。

合格指導解説授業
模試受験後に合格指導解説授業を実施。重要ポイントが手に取るようにわかります。

- 模試受験中に学力を伸ばす！
- 合格までの距離を知り、計画を立てる！
- 学習効果を検証、勉強法を改善する！

全国統一高校生テスト [高3生][高2生][高1生] 年1回

全国統一中学生テスト [中3生][中2生][中1生] 年1回

東進模試 ラインアップ 2016年度

模試名	対象	回数
センター試験本番レベル模試	受験生／高2生／高1生 ※高1は難関大志望者	年5回
高校生レベル（マーク・記述）模試	高2生／高1生 ※第1～3回…マーク、第4回…記述	年4回
東大本番レベル模試	受験生	年3回
京大本番レベル模試	受験生	年3回
北大本番レベル模試	受験生	年2回
東北大本番レベル模試	受験生	年2回
名大本番レベル模試	受験生	年2回
阪大本番レベル模試	受験生	年2回
九大本番レベル模試	受験生	年2回
難関大本番レベル記述模試	受験生	年5回
有名大本番レベル記述模試	受験生	年5回
大学合格基礎力判定テスト	受験生／高2生／高1生	年4回
センター試験同日体験受験	高2生／高1生	年1回
東大入試同日体験受験	高2生／高1生 ※高1は意欲ある東大志望者	年1回

※センター試験本番レベル模試とのドッキング判定

※最終回がセンター試験後の受験となる模試は、センター試験自己採点とのドッキング判定となります。

東進で勉強したいが、近くに校舎がない君は…
東進ハイスクール 在宅受講コースへ

「遠くて東進の校舎に通えない……」。そんな君も大丈夫！ 在宅受講コースなら自宅のパソコンを使って勉強できます。ご希望の方には、在宅受講コースのパンフレットをお送りいたします。お電話にてご連絡ください。
学習・進路相談も随時可能です。

2016年も難関大・有名大 ゾクゾク現役合格
日本一※の東大現役合格実績

現役のみ！講習生含まず！

※2015年、東現役合格実績をホームページ・パンフレット・チラシ等で公表している予備校の中で最大。当社調べ。

2016年3月31日締切

東大現役合格者の2.8人に1人が東進生

東進生現役占有率 36.3%

東大現役合格者 742名 (合格者増 +14名)

- 文Ⅰ… 125名
- 文Ⅱ… 100名
- 文Ⅲ… 88名
- 推薦… 21名
- 理Ⅰ… 247名
- 理Ⅱ… 110名
- 理Ⅲ… 51名

今年の東大合格者は現浪合わせて3,108名。そのうち、現役の合格者は2,043名。東進の現役合格者は742名ですので、東大現役合格者における東進生の占有率は36.3%となります。現役合格者の2.8人に1人が東進生です。合格者の皆さん、おめでとうございます。

現役合格 旧七帝大+東工大一橋大 2,980名 (合格者増 +194名)

- 東京大…… 742名
- 京都大…… 309名
- 北海道大… 251名
- 東北大…… 253名
- 名古屋大… 293名
- 大阪大…… 496名
- 九州大…… 341名
- 東京工業大… 130名
- 一橋大…… 165名

現役合格 国公立医・医 596名 (合格者増 +15名)

- 東京大…… 52名
- 京都大…… 19名
- 北海道大… 9名
- 東北大…… 17名
- 名古屋大… 12名
- 大阪大…… 16名
- 九州大…… 11名
- 札幌医科大 12名
- 弘前大…… 12名
- 秋田大…… 11名
- 福島県立医科大 9名
- 筑波大…… 16名
- 群馬大…… 11名
- 千葉大…… 20名
- 東京医科歯科大 20名
- 横浜市立大… 10名
- 新潟大…… 10名
- 金沢大…… 16名
- 山梨大…… 14名
- 信州大…… 8名
- 岐阜大…… 11名
- 浜松医科大 17名
- 三重大…… 11名
- 大阪市立大 10名
- 神戸大…… 11名
- 岡山大…… 13名
- 広島大…… 21名
- 徳島大…… 17名
- 香川大…… 17名
- 愛媛大…… 15名
- 佐賀大…… 17名
- 熊本大…… 11名
- 琉球大…… 11名
- その他国公立医・医 110名

現役合格 早慶 5,071名 (合格者増 +173名)

- 早稲田大… 3,222名
- 慶應義塾大… 1,849名

現役合格 上理明青立法中 16,773名 (合格者増 +930名)

- 上智大…… 1,180名
- 東京理科大… 1,937名
- 明治大…… 3,945名
- 青山学院大… 1,680名
- 立教大…… 2,146名
- 法政大…… 3,631名
- 中央大…… 2,254名

現役合格 国公立大 13,762名 (合格者増 +714名)

- 東京工業… 130名
- 一橋…… 165名
- 北海道教育… 69名
- 旭川医科… 16名
- 北見工業… 34名
- 小樽商科… 49名
- 弘前…… 90名
- 岩手…… 57名
- 宮城…… 27名
- 秋田…… 55名
- 国際教養… 34名
- 山形…… 101名
- 福島…… 67名
- 宮城…… 237名
- 茨城…… 156名
- 宇都宮… 54名
- 群馬…… 70名
- 高崎経済… 83名
- 埼玉…… 147名
- 埼玉県立… 34名
- 千葉…… 335名
- 東京医科歯科… 38名
- 東京外国語… 150名
- 首都大学東京… 258名
- お茶の水女子… 59名
- 電気通信… 66名
- 東京学芸… 118名
- 東京農工… 87名
- 東京海洋… 62名
- 横浜国立… 281名
- 横浜市立… 155名
- 新潟…… 212名
- 富山…… 133名
- 金沢…… 198名
- 福井…… 69名
- 山梨…… 73名
- 都留文科… 65名
- 信州…… 191名
- 岐阜…… 143名
- 静岡…… 225名
- 静岡県立… 73名
- 浜松医科… 24名
- 愛知教育… 120名
- 名古屋工業… 150名
- 名古屋市立… 128名
- 三重…… 199名
- 滋賀…… 83名
- 滋賀医科… 13名
- 京都教育… 29名
- 京都府立… 43名
- 京都工芸繊維… 55名
- 大阪府立… 241名
- 大阪市立… 200名
- 大阪教育… 140名
- 神戸…… 374名
- 神戸市外国語… 57名
- 兵庫教育… 30名
- 奈良女子… 51名
- 奈良教育… 36名
- 和歌山… 77名
- 鳥取…… 98名
- 島根…… 78名
- 岡山…… 265名
- 広島…… 293名
- 山口…… 229名
- 徳島…… 168名
- 香川…… 105名
- 愛媛…… 204名
- 高知…… 84名
- 北九州市立… 122名
- 九州工業… 121名
- 福岡教育… 67名
- 佐賀…… 131名
- 長崎…… 122名
- 熊本…… 207名
- 大分…… 78名
- 宮崎…… 91名
- 鹿児島… 113名
- 琉球…… 113名

現役合格 関関同立 11,432名 (合格者増 +898名)

- 関西学院大… 2,273名
- 関西大…… 2,564名
- 同志社大… 2,502名
- 立命館大… 4,093名

現役合格 私立医・医 412名 ※防衛医科大学校を含む

- 慶應義塾大… 48名
- 順天堂大… 43名
- 東京慈恵会医科大 29名
- 昭和大… 24名
- 防衛医科大学校 49名
- その他私立医・医 219名

※東進調べ

ウェブサイトでもっと詳しく ▶ 東進 🔍検索

各大学の合格実績は、東進ネットワーク
(東進ハイスクール・東進衛星予備校・早稲田塾)の合同実績です。

東進へのお問い合わせ・資料請求は
東進ドットコム www.toshin.com
もしくは下記のフリーダイヤルへ！

東進ハイスクール　0120-104-555（トーシン ゴーゴーゴー）

ハッキリ言って合格実績が自慢です！ 大学受験なら、

●東京都

[中央地区]
市ヶ谷校	0120-104-205
新宿エルタワー校	0120-104-121
★新宿校大学受験本科	0120-104-020
高田馬場校	0120-104-770
人形町校	0120-104-075

[城北地区]
赤羽校	0120-104-293
本郷三丁目校	0120-104-068
茗荷谷校	0120-738-104

[城東地区]
綾瀬校	0120-104-762
金町校	0120-452-104
★北千住校	0120-693-104
錦糸町校	0120-104-249
豊洲校	0120-104-282
西新井校	0120-266-104
西葛西校	0120-289-104
門前仲町校	0120-104-016

[城西地区]
池袋校	0120-104-062
大泉学園校	0120-104-862
荻窪校	0120-687-104
高円寺校	0120-104-627
石神井校	0120-104-159
巣鴨校	0120-104-780
成増校	0120-028-104
練馬校	0120-104-643

[城南地区]
大井町校	0120-575-104
蒲田校	0120-265-104
五反田校	0120-672-104
三軒茶屋校	0120-104-739
渋谷駅西口校	0120-389-104
下北沢校	0120-104-672
自由が丘校	0120-964-104
成城学園前校北口校	0120-104-616
千歳烏山校	0120-104-331
都立大学駅前校	0120-275-104

[東京都下]
吉祥寺校	0120-104-775
国立校	0120-104-599
国分寺校	0120-622-104
立川駅北口校	0120-104-662
田無校	0120-104-272
調布校	0120-104-305
八王子校	0120-896-104
東久留米校	0120-565-104
府中校	0120-104-676
町田校	0120-104-507
武蔵小金井校	0120-480-104
武蔵境校	0120-104-769

●神奈川県
青葉台校	0120-104-947
厚木校	0120-104-716
川崎校	0120-226-104
湘南台東口校	0120-104-706
新百合ヶ丘校	0120-104-182
センター南駅前校	0120-104-722
たまプラーザ校	0120-104-445
鶴見校	0120-876-104
平塚校	0120-104-742
藤沢校	0120-104-549
向ヶ丘遊園校	0120-104-757
武蔵小杉校	0120-165-104
★横浜校	0120-104-473

●埼玉県
浦和校	0120-104-561
大宮校	0120-104-858
春日部校	0120-104-508
川口校	0120-917-104
川越校	0120-104-538
小手指校	0120-104-759
志木校	0120-104-202
せんげん台校	0120-104-388
草加校	0120-104-690
所沢校	0120-104-594
★南浦和校	0120-104-573
与野校	0120-104-755

●千葉県
我孫子校	0120-104-253
市川駅前校	0120-104-381
稲毛海岸校	0120-104-575
海浜幕張校	0120-104-926
★柏校	0120-104-353
北習志野校	0120-344-104
新浦安校	0120-556-104
新松戸校	0120-104-354
★千葉校	0120-104-564
★津田沼校	0120-104-724
土気校	0120-104-584
成田駅前校	0120-104-346
船橋校	0120-104-514
松戸校	0120-104-257
南柏校	0120-104-439
八千代台校	0120-104-863

●茨城県
つくば校	0120-403-104
土浦校	0120-059-104
取手校	0120-104-328

●静岡県
★静岡校	0120-104-585

●長野県
★長野校	0120-104-586

●奈良県
JR奈良駅前校	0120-104-746
★奈良校	0120-104-597

★は高卒本科(高卒生)設置校
☆は高卒生専用校舎

※変更の可能性があります。最新情報はウェブサイトで確認できます。

東進衛星予備校　0120-104-531（トーシン ゴーサイン）

全国954校、10万人の高校生が通う、

東進ドットコムでお近くの校舎を検索！

「東進衛星予備校」の「校舎案内」をクリック → エリア・都道府県を選択 → 校舎一覧が確認できます

資料請求もできます

東進ハイスクール 在宅受講コース　0120-531-104（ゴーサイン トーシン）

近くに東進の校舎がない高校生のための

※2016年3月末現在